艾珂・波亭 —— 著
Echo Bodine

蕭寶森 —— 譯

當我們死後，靈魂去哪了？

死亡不可怕，
靈媒大師的暖心臨終陪伴

What Happens When We Die:

A Psychic's Exploration of Death, Heaven, and the Soul's Journey After Death

CONTENTS
目錄

前言

死亡將是怎麼一回事？

小時候，大人告訴我：好人死了以後，就會去一個叫做天堂的地方；壞人則到一個叫做地獄的處所，將受烈火焚身之苦。天堂在上面，是耶穌和上帝的居所。地獄則在下面，是魔鬼住的地方。

所幸，我在從事通靈、靈性療癒和驅鬼工作期間，對天堂有了更多的認識，對死後的生命以及死亡本身也有了更開闊的觀點。這要感謝過去四十七年，我所有服務過的臨終者以及曾經和我溝通的往生者。

然而，當我對死亡有了更開闊的觀點之後，同時也面臨了一些問題。其中之一便是：我有時候會忘記，並不是每個人都能夠把死亡當成一種祝福，或是視死亡為下一個階段的存在。舉個例子，最近有位好友打電話告訴我，他得了腦癌。為了要去除這個非常惡性的腫瘤，他將接受化療和放射線治療。這位男士的妻子在三年前過世。當時他們結婚才五年。我這位朋友原本是一個樂天開朗的人，但自從妻子死後，他就變了一個人，陷入非常消沉沮喪的狀態，從許多方面來看，簡直就像是死了一樣。我掛上電話後，心想這豈不是一個絕佳的機會，讓他可以到「那邊」去，和妻子相聚。於是，我便回撥電話，建議他或許應該放棄那些侵入性的化療和放射線治療，在剩下的時間裡盡量好好過活，然後再返回天家和妻子團圓。

結果，他在電話筒那一頭默不吭聲。

反觀，我那同樣具有靈通力的八十三歲母親（她最近才過世），在死前幾個月就一直毫不避諱的公開談論自己的死亡。她知道生命即將結束，還說每天早上醒來時，都很好奇自己此刻到底是在人間還是天堂。

正如我先前所說過的，傾聽往生者的聲音，讓我對死亡有了更多的認識。舉個例子，我的一個學生曾經告訴我：有一天晚上她在家時，突然看到了女兒的影像。女兒自稱「沒事」，但身後卻是一片漆黑。我的學生很困惑，也很害怕，因為半個小時之前，她才跟女兒通過電話。女兒說她要去店裡買點東西當晚餐，但之後卻現身在母親面前，說她「沒事」。

後來，我的學生才發現，女兒當晚離開商店之後就再也沒有回家。第二天早上，有人發現她的車子翻覆在一座深谷裡，而她已經死亡。

有人過世時，我通常能夠在二十四小時之內聯絡上他們的靈魂，了解他們的狀況。如果死者的靈魂尚無法與人溝通，「那邊」也會有人——例如某位天使、指導靈或已故的親友——向我轉告他們的狀況。這麼多年下來，透過我的工作，我對死亡的過程和死亡的本身已經有了許多認識。我想在這本書中和各位分享這些知識。

☆

對大多數人來說，死亡是一個令人很難啟齒的話題，但我們每一個人顯然遲早都要經歷死亡，因此有必要先討論這個話題，不要再把死亡當成一件黑暗、恐怖的事，而應該確實了解我們死去時，在身體和靈魂上所發生的變化。如果我們都能夠學會在所愛的人以及自身瀕臨死亡時，開誠布公的談論死亡，這將會是一件好事（我的母親曾經告訴我，她很高興我能夠和她討論她即將死去的事實，因為她**需要**和別人分享感受）。

我在兩年前就開始撰寫這本書。當時我正經歷一位摯友邁向死亡的過程。對我而言，這是一件非常痛苦的事情。我不希望他罹患這麼嚴重的疾病，也不想看到他日益消瘦、弱不禁風的模樣。我這位朋友在壯年時期曾經是職業籃球選手，原本身材魁梧，活力四射，但在得了癌症、逐漸邁向死亡的過程中卻變得判若兩人。他的嗓音原本低沉渾厚，聽起來像是美國的靈魂樂巨星貝瑞．懷特（Barry White），但後來由於聲帶上長了東西，他說話的聲音越來越小，像是在講悄悄話一般。除此之外，他也沒有胃口吃東西，走路時還得拄著拐杖以免跌倒。在死亡的過程中，我們的身體會逐漸失去功能。沒有人希望自己經歷這樣的過程，也沒有人希望看到所愛的人經歷這樣的過程。

本書的內容涵蓋有關死亡的種種訊息。第一章先簡要的說明靈魂是什麼，第二章則描述我們的肉體在死亡的過程中會經歷哪些階段。大多數篇章都是從靈魂的觀點來說明死亡的過程。我在當中提到了許多熟人（他們都已經過世）的故事，以及我本身和往生者溝通的經驗。在最後一章中，我提出了一些建議，教導大家如何渡過傷痛期，以及如何安慰因失去摯愛而哀痛不已，或因自身面臨死亡而悲傷的人。

我在書中許多地方都提到了「長老」（the Elder）這個詞。這些長老是「那邊」一群有智慧的顧問。祂們已經過完了自己的一生，如今祂們的工作便是指導我們的靈魂做出正確的抉擇。祂們是一群閱歷豐富的慈愛靈魂，會幫助我們為了自身靈魂的成長與發展做出最明智的抉擇。

除了長老之外，天使也會幫忙引導我們。祂們也是智慧的存有（being），但天使和長老不同之處，是天使從不曾在人間生活過。

此外，我們每一個人都有指導靈（spirit guide）。祂們是被指派來引導我們走在正確的道路上，並協助我們完成此生任務的靈魂。這些指導靈和長老不同。祂們本身的靈魂有可能尚未發展完成，因此不見得會像長老和天使那樣無所不知。你在這一生當中指導靈可能一直是同一位，但也可能會在人生各個階段遇到不同的指導靈。

希望這本書能夠為你帶來許多安慰。我在這些年的學習和體驗，不僅拓寬了眼界，也強化了信念。我相信：生與死都是好的。正因有生有死，我們的生命才會成為一場引人入勝的冒險行動。

這本書當中所提到的每一件事，都是出自我個人切身的經驗，而且據我了解都是真實不虛的。

CHAPTER

1

我與靈魂的第一次接觸

1

《韋氏新世界辭典》（*Webster' New World Dictionary*）為「靈魂」（soul）這個字所下的定義是：「一個不具物質形式的實體，被認為是人的靈性部分。」我年輕時並不太能夠理解「靈魂」這個概念。小時候，我每次禱告的結尾總是：「萬一我在睡夢中去世，求主帶走我的靈魂。」這是我對人有靈魂唯一的認知。

二十多歲時，我首度看到一個靈魂，但卻沒有意識到那是什麼。當時，我母親的朋友凱柔說，她聽到她家的閣樓裡有些聲音，因此我和母親一起前往察看。當時我們對「靈」的世界並不了解，根本不清楚自己到底在做什麼，但還是盡力而為。

我們在凱柔家的閣樓上看到了四個「人」，但模樣卻是透明的。我不太清楚他們為什麼會在那裡，也不明白他們怎麼可能會在那裡出現。其中一位成年女性向我們解釋：在生前，她丈夫有酗酒的毛病。有一次他點了菸之後就睡著了，結果引發了一場火災，把他們夫婦和兩個孩子都燒死了。她說，她丈夫不肯讓他們到「那邊」去，因為他怕自己會下地獄。我和母親都不知道該對她說什麼或做什麼，只能告訴她：他們必須離開這棟房子。結果，他們一家就穿過閣樓的牆壁，消失無蹤了。我們回到自己的家之後，很快就接到凱柔打來的電話。她說閣樓裡的聲音又出現了。當時我們決定以後要先好好的學習如何處理這類的情況，才能再到鬧鬼的人家裡去，因為這次我們完全沒有把凱柔家裡的鬼魂趕走。他們還是繼續住在凱柔的房子裡。

我是在二十七歲時開始與靈魂溝通的。當時，有一個十四歲的男孩從十八呎高的高處摔到地上，撞到了頭，陷入了昏迷狀態。我曾經講過這個故事，現在重提，是因為它讓我學到了很多東西，同時也說明了許多事情。

這位名叫戴爾的年輕人，被人用飛機從內布拉斯加州運送到明尼蘇達州大學附設醫院接受醫治。他的家人打電話給我，請我去幫他做療癒。他們會找上我，是因為我之前曾經幫戴爾罹患心臟病的繼母做過好幾次療癒。當時醫生已經表示戴爾只有一成的機會可以脫離昏迷。護士則告訴他們，就算他真的能夠恢復意識，可能也會變成「植物」（他們當時確實是用這樣的字眼）。

後來，我每天都利用午休時間到醫院去為戴爾做療癒。第二次或第三次療癒時，他的靈魂現身了。當時我正站在他的床邊，俯身為他療癒。突然間聽到後面有一個男人的聲音說：「可不可以請你療癒我大腦裡的語言區域？我想恢復說話的能力。」當時的情景挺嚇人的，因為房間裡除了我和戴爾之外並沒有別人。他重複剛才那些話時，我慢慢轉過身去，想瞧個究竟。結果，我看見一個年輕人正靠著牆站在那兒，不禁嚇了一大跳，因為我並不知道他到底是誰。當時戴爾正躺在我前面的病床上，頭上纏滿了繃帶，因此我看不到他的長相。我問眼前這個人是誰，他若無其事的表示他就是住在這具身軀裡面的靈魂。他再次告訴我，他很想恢復語言能力，並問我是否可以療癒他大腦的語言區域。

從此，我每天到醫院之後都會和戴爾的靈魂溝通。他會告訴我身上有哪些地方會痛，有哪些地方需要療癒。據他表示：當靈魂離開身體時，身體就不太會感受到疼痛，但是當靈魂回到身體之後，疼痛感就會變強。他實際進出他的身體，好讓我明白這點。當他的靈魂留在身體裡面時，他的身體會動來動去，呼吸也比較深沉。當他的靈魂離開軀殼時，他的身體會保持在靜止的狀態，呼吸也較淺。要了解這點，不妨想像靈魂是由能量組成的，對身體的影響就像是一個充飽電的電池一樣；當靈魂進入身體時，身體就受到了能量的刺激。

六個星期之後，戴爾離開了明尼蘇達州大學附設醫院，不僅可以走路，也會說話了。

我所知道的靈魂事實

我和人們的靈魂打交道已經將近五十年之久。從他們身上，我學到了許多事情。

- 靈魂的長相就像他們的身體一樣，但看起來比較年輕，也比較悠閒自在，而且是透明的。靈魂現身時，是穿著衣服的。
- 靈魂和肉體之間有一條類似臍帶的銀索相連。人死亡時，這條銀索就會被切斷。
- 靈魂就是我們的人格，在肉體死亡後仍然繼續存在。
- 人在每一世都具有同樣的靈魂，但在覺知、智慧、知識和意識等各方面會不斷成長。

- 我們的靈魂會不停的變換性別；在我們所經歷的許多世當中，有一半的時間是男性，另一半的時間則是女性。
- 靈魂常在我們沉睡時離開肉體。這叫做「靈魂出體」（astral projection），稍後會談到有關這方面的事情。
- 在邁向死亡的過程中，靈魂有許多時間都待在身體外面，為他在「那邊」的新生活預作準備。在這段期間，靈魂會不時前往拜訪已故的親友並重新認識新家（也是老家）：天堂。人在這個世界死亡時，就等於是在「那邊」誕生了。雖然不是像嬰孩那樣被生出來，但一樣是展開了新的生命。我們時常聽到一些故事，說人們在接近天堂時會看到白光。想想看：新生兒從產道裡出來時會看到什麼？當然是白光啦！
- 動物也有靈魂。我那隻棕色的拉布拉多犬傑西死去後，我有好長一陣子都非常傷心，但有好幾次看到牠像從前那樣，在院子裡跑來跑去。是的，我們的寶貝寵物確實是有靈魂的，而且也會上天堂。牠們在「那邊」有人照顧，而且你也會再次看到牠們。

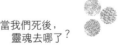

從靈魂的觀點看生死

在談論有關死亡與死後的生命之前，我想先談一下生命。我曾經寫過《靈魂的回音》（*Echoes of the Soul*）一書。如果你想從靈魂的觀點深入了解生命、死亡以及死後生命的樣貌，我會大力推薦你閱讀那本書。很多人都說書中的許多訊息對他們很有幫助。如果我能在這裡多寫一百六十頁的文字，我將會鉅細靡遺的和你們分享該書的內容，但受限於篇幅，我只能在這裡簡述其中的要點。

我們的靈魂是由能量組成的。我們在人世生活的目標是要發展自我，把潛能發揮到極限。我們來自上帝那兒，而我們必須試著去了解這件事所代表的意義。《聖經》說，上帝是完美的，我們是根據祂的形象與模樣創造出來的。這裡所謂的「我們」指的是我們的靈魂。但光是聽說「我們是完美的」，並不代表我們能夠了解其中的意義，因此我們才會來到世上，以期將自我的潛能發揮到極限，並更進一步意識到「我們與上帝是一體的」以及我們本身的完美性。在每一世的盡頭，我們會離開所居住的肉身，回家休息，並在之後重返人世。

無論你相不相信，到目前為止，你可能已經死了至少兩百次（這要看你的靈魂年齡而定），因此死亡對你的靈魂而言，不是什麼新鮮事。每個人的靈魂年齡各不相同，意識的層級也不一樣（在《靈魂的回音》一書裡，曾談到靈魂的各種層級，以及每一個層級所代表的意義）。為了讓你大致了解老靈魂與新靈魂的不同，我可以舉一個例子：佛陀是一個非常老的靈魂，曾說祂花費了六百六十五世的時間才開悟（希望這是因為祂學習速度很慢的緣故）。你之所以完全不記得自己在前世生活或死亡的情景，是因為：如果你都記得，你的神智（sanity）將無法負荷。假使你還記得前世所經歷過的一切，但同時又必須處理今生的事務，你可能會難以消受，於是明智的上帝便在你的潛意識（也就是你靈魂的心智）上加了一道鎖。你必須做出一些努力（通常是透過催眠的方式）才能取得那些訊息。

在你來到這一世之前，長老們已經為你的人生規劃了一份藍圖，這也就是你的「生命藍圖」（**life plan**）。如果你是比較老的靈魂，你或許得以參與這份藍圖的規劃過程，但如果你是比較年輕的靈魂，長老們就會自行擬定。這些長老已經有過許多生、許多世的歷練，因此完全了解我們每一個人需要哪些經驗才能讓靈魂得以進一步成長。請記住：我們每一世的目標都是要繼續成長並增進智慧。

你在今生想要且需要完成的事項，都列在靈魂的「生命之書」（life book）中。有些能力高強的通靈人可以幫助你取得這些訊息。所有人的「生命之書」都被儲存在一個名叫「阿卡西祕錄」（Akashic Records）的場所。我在為人通靈時，曾經有許多次看過阿卡西祕錄。那是一個令人讚嘆的地方，看起來像是一個精細、複雜而巨大的圖書館。

你所出生的家庭都是經過挑選的，因為它最能讓你體驗到你今生所要學習的功課，即便你是被人收養、在孤兒院裡長大或出生在暴力的家庭也是一樣。你的生命藍圖會顯示你將在何時死亡（長老們稱之為「畢業」）。你的星盤上也會有「退出點」（exit points），也就是當你的靈魂覺得已經在這一世達成所有的目標，可以離開人間並且回家的時間。不是所有人都有好幾個退出點，有許多人只有一個退出點。我將在第四章中更深入探討這部分，但此處我想要說明的重點是：你死亡的時間早在你尚未出生之前就已經決定了。

在了解這點之後，接下來就讓我們深入探討一個大家都懼於談論的主題：我們的肉體停止運作的過程。

CHAPTER

2

面對肉體的死亡

2

死亡有很多種方式：有人猝死，有人死得很慢，有人死得痛苦，有人死得安詳，有人含笑九泉，有人死不瞑目，有人孤零零的死去，有人死時親友隨侍在側。在從靈魂的觀點認識死亡之前，我想有必要先了解死亡時我們的肉體究竟會發生什麼事。

如果你負責照顧某個正邁向死亡的人，或者你本身正面對死亡的威脅，你會想知道他們（或你自己）在經歷這個過程時會發生什麼事。當你擁有這些訊息時，就不會當隻鴕鳥（如果即將死去的人拒絕面對死亡，對他們和照顧者而言都會造成很嚴重的障礙）。我們的肉體並不想知道它正在死亡，因為它之所以被創造出來，就是要在這世上克服各式各樣的挑戰存活下來，因此當它實際要向死亡——生命的最後一步——屈服時，大多數人都不想面對。正如美國知名的電影導演伍迪・艾倫（Woody Allen）所言：「我不怕死，只是當死亡發生的時候，我不想在場。」

大多數人在所愛的人逐漸邁向死亡時，都會覺得非常無助。事實上，我們的確什麼也不能做，因為這是他們生命中的最後一段時間，我們必須尊重。已經不知道多少人寫電子郵件來問我，為什麼他們所愛的人死亡的過程會拖這麼久？有許多人會試著讓這個過程變快一些，他們認為快一點對大家來說都比較好。然而，有人死得快，有人死得慢，都是有原因的。加速死亡的過程就像幫產婦催生一樣。但事實上，你該出生的時候自然就會出生，該死亡的時候也自然就會死亡。從靈魂的觀點來看，這些事件發生在什麼時間點，或死亡為何看起來「遲遲」不發生，都是有原因的。

肉體邁向死亡的旅程

我的父親不久於人世時，安寧病房的護士給了我一本小冊子，裡面講解他在死亡的過程中可能會經歷的三個階段。我起初並不想看那本小冊子，因為我不願意接受他即將死去的事實（他是我的父親耶！他怎麼可能會死呢？）；但是當父親一天比一天更接近死亡時，我開始想了解他正在經歷什麼樣的過程，以便和他保持某種程度的連結。

最近我上網去搜尋安寧病房護士給我的那種小冊子，結果發現一篇很美的文章，名叫〈邁向死亡的旅程〉（The Journey Towards Death），是由安琪拉．莫柔（Angela Morrow）護士所寫的（請參見http://dying.about.com/od/thedyingprocess/a/process.htm）。她以一種非常慈愛、溫柔的口吻說明了死亡的各個階段，我想和你們分享其中的一部分。

旅程的起點：死前一到三個月

當一個人開始接受「人終將一死」的事實，並且意識到自己即將死去時，他可能會開始慢慢疏遠周遭的環境，也就是說，他會開始遠離外面的世界和人群。他可能會拒絕接見來訪的朋友、鄰居甚至家人。即使他願意接見，可能不太和別人互動，或者也有可能會變得很難照顧。他們會開始思索自己生命的意義，並回憶過往。他們可能會檢討自己過去的生活方式，並回想之前有哪些令他們遺憾或懊悔的事。此外，他們也可能會開始進行死亡時的五個任務。根據伊拉．畢歐克博士（Dr. Ira Byock）在《人生最重要的四件事》（*The Four Things That Matter Most*）一書中的說法，這五個任務是：1.請求別人寬恕。2.寬恕別人。3.由衷的感謝他人。4.向他人表達愛意。5.道別。

即將死去的人由於身體的運作變慢，食欲可能會降低，體重也可能會減輕。這是因為他們的身體不再像從前那樣需要來自食物的能量。同時，睡眠的時間可能會越來越長，也不再從事從前感興趣的活動……奇妙的是，這段期間，身體的化學作用會改變，以致會產生微微的愉悅與興奮感，既不感到飢餓，也不會口渴，即使不吃東西也不會難受。在死亡的旅程中，這樣的現象是很自然的。

死前一到兩週

1. 心智的變化

這段期間，他們大多數時間都在睡覺，同時往往無法分辨東西南北，認知也會改變。同時，可能會產生錯覺，例如害怕看不見的敵人，或覺得自己天下無敵等等。

此外，瀕臨死亡的人也可能會出現幻覺，有時候會看到一些並不在場的人（通常已經往生）或對著他們說話。有些人可能會認為這是因為今生和來世之間的那層罩紗已經開始被揭開了。在這段時期，瀕臨死亡的人可能會焦躁的拉扯著床單或衣服，他們的動作和舉止也會顯得漫無目的、毫無道理。這時他們離人世的生活已經越來越遠了。

2. 肉體的變化

此時，肉體已經越來越難以維持自身的運作。在這段期間，可能會出現下列跡象：

- 體溫下降一度或一度以上。
- 血壓下降。
- 脈搏變得不規則，而且可能變慢或變快。
- 排汗量增加。
- 由於血液循環變差，皮膚的顏色也會跟著改變。這種改變通常在嘴唇和甲床（指甲所在之處）這兩個部位比較明顯。這兩處的皮膚會變得蒼白發青。

- 呼吸出現變化，通常變得較急促而吃力。此外，也可能會出現呼吸道充血的現象，以致呼吸時發出咯咯咯的聲音並且會咳嗽。
- 越來越不愛說話，到最後甚至完全不想開口。

旅程的終點：死前兩、三天到死前幾個小時

隨著當事人距離死亡越來越近，可能會出現迴光返照的現象，想要下床走動並且和親近的人說話，或者在連續幾天毫無胃口之後突然想吃東西。這種迴光返照的現象也可能不是那麼明顯，但當事人通常會用這段時間做死前最後的肢體表達。

這段迴光返照期通常很短暫。隨著死亡越來越迫近，之前的徵象會變得更

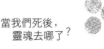

加明顯。呼吸變得更不規則，而且更慢。此時也可能會出現「陳施式呼吸現象」（Cheyne-Stokes breathing），也就是呼吸會先變得急促，接著有一段時間完全不呼吸。呼吸道充血的現象會更嚴重，導致呼吸時會發出響亮的咯咯聲。

手掌和腳掌上可能會出現略帶紫色的斑點，並且可能逐漸往上蔓延到手臂和大小腿等部位。嘴唇和甲床會發青或發紫。當事人這時通常會變得沒有反應，眼睛睜開或半開，但對周遭的環境卻視而不見。一般相信，聽覺是最後一個停止作用的感官，因此這段期間，應該讓當事人所愛的人坐在身邊，對他們說話。

最後，呼吸完全停止，心臟也不再跳動。死亡已經降臨。

揭開生死之隔的罩紗

關於這份死亡說明書，我想就個人的觀察表達一些看法。首先，是關於將死的人對著已故親人說話這部分。如果你發現有這個現象，請不要認為這是他們的幻覺。事實上，在這個時候，那些已故親人確實就在房間裡，或者也可能是當事人看到了「那邊」的親人。這是因為在這個階段，從我們這邊通往「那邊」的門——通常被稱為罩紗（veil），已經被揭開了，因此他們會把大部分的注意力都放在「那邊」。這時，請注意傾聽他們和那邊的人的悄聲對話。當他們的意識對罩紗兩邊同時敞開時，將會是一幕很奇妙的情景。如果這時你試著和他們說話，他們可能聽不見你的聲音。當他們發現有兩個人正同時對他們說話時，或許會感到迷惑。舉例來說，他們可能會看到已經亡故的妹妹對他們說話，但同時又聽見還在世的這個妹妹也在對他們說話。他們可能會因此感到不安或害怕。這是你在病榻陪伴處於這個階段的親人時，必須明白的地方。

我父親住院時，曾好幾次提到他的一個戰友就站在病房窗戶旁。每當此時，他都會輕聲細語的對老戰友說話。那些話對我們而言並不具任何意義，但從他臉上的表情可以明顯看出這樣的對話對他有撫慰的作用。所以我們不應該打斷或試圖阻止這樣的對話。此外，在我父親過世前幾天，我都看到我的祖母在父親上方徘徊。祖母從不曾開口對我們說話，只是全神關注著我的父親。當他的靈魂離開身軀時，她立刻把他帶往「那邊」。

對於莫柔的文章，我還有一個看法。她建議在親友臨終時握住他們的手。根據我的經驗，我認為死亡的最後一個階段，就像是分娩的最後階段一樣，是一個過渡期。在母親把小孩生下來之前，她的注意力是完全向內的。她會把全副的心神都放在她的身體以及身體的動作上。這時她很容易因為身邊的人而感到焦躁，但又希望他們能夠在場為她打氣。由於她的感官全都處於高度警戒的狀態，因此通常在這個時候，她不會希望任何人觸摸她。我發現臨終的人也是如此。

當我在陪伴某個臨終的人，而他們的親友正握住他們的手時，有許多次我都聽見當事人的靈魂說：「別再握著我的手了——你讓我沒辦法專心。」要知道，靈魂這時正努力脫離自己的軀殼，如果握住他們的手，靈魂就會把心思放在肉體上，使他們更不容易離開。如果你的親友即將死去，而你想握住他們的手，藉以安慰他們（或你自己）時，請記住這一點。當他們出現任何難受的樣子時，你要立刻放手。

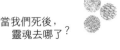

這並不是說你不應該坐在臨終的人身邊，讓他們知道你在那兒，使他們安心。不過，在這個過程中，你要注意觀察周遭的動靜，看看你是否能察覺房間內有其他來接走他們的靈魂。

不過，很可惜的是，有些人和臨終者同處一室會感到非常不自在。為了消弭這種不自在的感覺，他們便開始滔滔不絕的說話。這種行為會使人很難感受或察覺到當時在靈性層面所發生的事情。如果你置身在這種情況中，可以請那個一直說個不停的人到外面去，讓你安安靜靜和你的親友相處。這時他們說不定會覺得鬆了一口氣。如果你的運氣夠好，房間裡沒有這樣的人，那麼請你安靜下來，不要以為臨終者只是一具肉體而已。請記住：此時此刻有一種美妙的轉化正在發生，請試著將心思靜下來，從另外一個觀點來感覺它。閉上你的眼睛，請上帝幫助你從靈性的角度來看待這件事，幫助你從內心感受到這個轉化。

過去這些年來，有許多人告訴我：當他們的親人過世時，他們可以感覺有天使或已故的親友來到房間裡。其中的關鍵在於你要讓自己儘可能安靜下來，並且試著從臨終者（而非你自己）的角度來看待這個情境。

我曾經有過一次很美妙的經驗。當時，我正陪伴一家人渡過他們的親人約翰臨終的時刻。我看到約翰已故的父母在角落裡等待著，勸他離開身體。約翰不僅看得到他們，一整天都斷斷續續和他們說話，彷彿是在胡言亂語一般。那天深夜，當約翰終於嚥氣時，我正好在洗手間，但我看到他的靈魂離開了身體，牽起父母的手。當他們三人往上飛升，離開房間時，八位美麗的天使進來了。祂們各自走向房間內的八個人，站在親友身邊。我悄悄的詢問其中一位天使：約翰已經升天了，祂們為什麼還在這裡呢？祂說，天使們向來都會過來安慰往生者的親友。祂們就這樣一直待在房間裡，陪伴著約翰的家人，一直到醫生宣布約翰死亡，家屬也和葬儀社安排好後事為止。當諸事底定、情況恢復平靜時，天使們就離開了。

約翰的家人中有一位特別敏感。她問我房間裡是否有天使存在。她說，約翰走後她感覺很明亮，彷彿整個房間裡都充滿了白光。我很高興除了我之外，也有人可以感覺到天使的存在。

關於這個過渡期，還有一點必須說明：臨終的人比我們還清楚當時發生了什麼事，所以不要覺得你好像有必要對他們解釋什麼。

人絕對不會孤零零的死去

我曾經問一個從事殯葬業的朋友：他幫那麼多家庭處理後事，有沒有發現他們的情況有任何相似之處。他說，他經常聽到一件事：他們一直守候在臨終的親人床邊，只是偶爾去上一下洗手間或去販賣機買點東西，但親人往往在他們離開期間就過世了，讓他們非常難過。如果你也有這樣的情況：只離開房間一分鐘，你的親人剛好在這個時候過世，請不要因此內疚，覺得你讓他們「孤零零的死去」。因為**人絕對不會孤零零的死去。**靈魂回歸天家時，一定會有聖靈在場，並從旁協助的。

我的父親快要往生的那幾天，我和我的兄弟姊妹一直在旁邊陪伴。有一次，我們肚子餓了（當時我們已經在房裡待了一整天），護士也說時間還沒到，我們便匆匆忙忙跑到樓下，隨便買了點東西來吃。當我們回到房間時，父親的情況並沒有什麼改變，但我卻覺得好像有某個東西消失了。我檢查所有的機器，看是否有什麼東西被移動，但那些機器並沒有異常，照舊發出「嗶嗶嗶」的聲響，父親的呼吸也並未停止。然而，我就是覺得有什麼東西不見了。我問妹妹是否覺得怪怪的，她也和我一樣，感覺好像有什麼東西消失了。我一聽就知道那消失的東西正是父親的靈魂。他趁著我們不在的時候離開了，但他的身體卻還在呼吸。我很清楚父親的脾氣。他不喜歡和人道別，因此對他而言，趁著我們不在時離開會比較容易。結果第二天，他的心臟就停止跳動了。

我之前提過的那位紳士約翰（就是有八位天使來到他房間裡的那位），他的死亡過程拖了很久。這段期間，他的家人曾經打電話給我，問我是否可以和他的靈魂溝通，看他是不是在等待什麼。原本我們都以為他是在等他的兒子從外地趕回來，但當我詢問約翰的靈魂時，他卻說：「不，不是在等兒子。是在等那個三角形。」「三角形？」我問道。「嗯，三角形。」他的靈魂又重複了一次，除此之外，他就沒再說什麼了。我把這些話轉告給約翰的女兒和女友，心想她們應該會明白其中的含意，但她們也都不明白。約翰的兒子從外地回來後便趕到醫院，但約翰看到他卻一點反應都沒有。

那天，我們一直在他的床邊守候著。到了晚上七點，我們當中有五個人不約而同的離開了房間。約翰的一個孫女去幫大家買汽水，有兩個人走到外面去抽菸，另外一位先生去檢查他的卡車是否有漏油的現象，而我則是去洗手間。這五個人走掉之後，房裡只剩下約翰的女兒（站在床邊）、他最喜歡的一個孫女（站在床尾），以及他的女友（站在床的另外一邊）。他睜開眼睛，逐一看著她們，對她們說再見，然後就離世了。當時這三個他最喜歡的人剛好圍在床邊，形成了一個完美的三角形。等到我和其他四個人回來時，約翰的靈魂已經進入白光中。

CHAPTER

3

談論死亡並歡慶生命

3

當親人過世時，我們經常會後悔自己沒有在他們生前多問他們一些問題或多和他們聊聊，問他們：小時候是什麼樣子？為什麼喜歡（或討厭）他們所從事的工作？哪些事情讓他們最感到快樂？最喜歡哪一本書、哪一首詩或那一首曲子？

同樣的，我也發現靈魂到了「那邊」之後，往往會後悔自己沒能在活著的時候讓親人多了解他們一點。那些處於疾病末期或年事已高的人，如果能在去世之前向親人說明他們的信念、他們最在意的事情、他們之所以這樣做而不那樣做的理由等等，會讓大家比較安心。這一章中，我將提出一些建議，讓你們明白如何在親人臨終時和他們溝通，並以創意的方式表達自己的情感與想法，讓往生者以及親人都能得到助益。

鼓勵臨終的人說出感受

我曾看過許多家庭因親人即將過世而聚在一起，但卻沒有一個人談論死亡。死亡往往是「房間裡的大象」，大家都假裝它不存在。這種情況必須有所改變，因為對臨終的人而言，死亡是他們生命中的重要時刻，如果大家都避而不談，他們會覺得非常孤單，無法向親人訴說他們正在經歷的一切。為了臨終的人，也為了我們自己，我們必須要做出改變。

我們必須鼓勵臨終的人談論他們當下的感受。剛開始時，進行這樣的對談可能會有點尷尬，但一旦他們知道別人對他們正在經歷的事情感興趣，他們通常會有很多話要說。當生命到了盡頭的時候，許多人會開始回顧自己的一生。會有一些回憶想要和別人分享，也會有一些放不下的恩怨，還有各種快樂的事、傷心的事、無聊的事或令人興奮的事。他們可能會想訴說這一切，而他們需要（也值得）有人聆聽。

在我擔任療癒師的生涯中，我有許多客戶知道自己已經餘日無多。他們當中有些人很坦然的面對現實，會開誠布公說出自己的想法、感覺、希望和夢想，也會安排好身後事，處理掉尚未解決的問題。他們不會當隻鴕鳥，對死亡視而不見。相反的，他們張開雙臂擁抱生命的流轉，珍惜每一天的光陰，盡量過得充實。當然，有些客戶來找我，是想要獲得療癒，但有些人前來，並不是因為想活得更久一點，而是希望能夠改善自己的生活品質，在僅餘的日子裡擁有更多的精力。舉個例子，我的一個客戶在知道自己已經快要死時，便邀請我前去和她共進午餐。她給我看了她年輕時各式各樣的照片，懷念她愛過的那些男人、去過的地方、上過的學校以及她在養兒育女之外的成就。在此之前，她的話題總是圍繞著兒女的生活打轉，鮮少提及個人的經歷，因此那天看到她那樣侃侃而談，真是令人高興。

遺憾的是，大多數人都不是以這樣的態度面對自己即將死去的事實。我那些自知餘日無多的客戶中，多數都對即將發生的事情感到害怕、沮喪和焦慮。他們是在一種茫然的狀態下經歷死亡。他們不想談論自己的憤怒、恐懼或悲傷，甚至往往會嘗試麻痺自己的感覺。他們前來找我療癒，並不是為了要治療他們的疾病，而是為了各式各樣的原因——沮喪、焦慮、酗酒、失眠。這些人通常需要一些誘導才會開口說話。當我請一位男性客戶談談一生時，他說根本沒有什麼好談的。但是，當我問他一些較為**具體明確**的問題，例如他的童年、青少年的歲月、軍中生活、他如何遇見妻子、成為一個父親是什麼感覺、在退休之前他從事什麼工作等等，他卻有一籮筐的話可說。看他如此熱烈的談論自己的人生，是一件很有意思的事。某些時候，他的神情顯得有些悲傷，但有些時候卻是一臉的喜悅。

嬰兒潮之前的世代特別不好意思談論自己。他們當中有許多人覺得這是一種自私的表現，因此需要有人誘導，讓他們確信你真的很想聽他們講述生平。或許你不太願意面對他們即將死亡的事實，但只要你告訴自己：這或許是你最後一次聽到他們的聲音，也或許是最後一次向他們學習人生智慧的機會，你就能夠克服心理障礙。

我曾經有許多次在類似的場合，聽見臨終的人天南地北，同時談了十個幾不同的主題，從這個回憶跳到那個回憶，從這個感覺跳到那個感覺。但這都很好，因為這就是當時他們心智運作的方式，也是他們溝通的方式。其中有些話可能會讓你感覺不太自在，但請記住：這是他們盡情傾吐的機會，請你按捺住自己的感受，讓他們一吐為快吧。

有一次，我坐在一個快要過世的女人身邊，和她和她的兩個女兒閒聊。突然間，母親說要向大女兒賠罪，因為她從大女兒小時候開始，就不太喜歡她。女兒從未聽母親說過這些話，因此非常驚訝。母親接著又說，她年紀輕輕就懷孕了，因此不得不嫁給她們的父親，但是她並不愛他，所以她覺得這個女兒毀了她的一生。觀看當時她們三個人之間的互動，是一件很有意思的事。母親把話說出來之後感覺如釋重負，大女兒非常震驚，小女兒則顯得不太自在，一直試圖轉移話題，緩和氣氛。當然，這是一個比較極端的例子。即使是在這樣的情況下，我認為讓臨終的人安心，還是比讓我們自己感覺自在更重要。況且我猜想那個大女兒聽到母親說這些話雖然會很傷心，但也可能會因此而明白這些年來她們母女之間的關係何以會變成這樣。我想這對母女在最後這段相處的時光中，彼此的關係必然會變得更加親近吧。

卸下今生的包袱

我們要讓臨終的人暢所欲言還有一個理由：讓他們能夠釋放多年來心中一直放不下的恩怨與傷痛。我有一個名叫梅寶的客戶。她已經九十歲了，因為罹患關節炎，每個星期都來找我做療癒。她的心中充滿怨忿，不僅痛恨她的原生家庭、她所受的教養，也痛恨她的三個前夫和孩子。她每次都會問我為什麼上帝不讓她早點走，我告訴她，或許祂是想多給她一些時間，讓她能夠放下怨懟、憤怒與仇恨，以免帶著這些情緒離開。同時，我也建議她試著去想想她的人生經驗是否曾為她帶來任何益處。但她總說這是「一派胡言」。

不過，我最後一次為她做療癒時，她卻展現了幾分親切與溫柔。我看得出她的內心變得比較柔軟，不再那麼痛苦，而且還說關節炎已經有所改善。通常她離開之前，都會跟我預約下一次的時間，但這次卻表示要等到需要的時候，再打電話。那一天我意識到或許從此再也看不到她了（後來事實證明的確如此），只能為她祈禱，希望她心裡不要有那麼多的怨懟與怒氣，能夠平和、安詳的上天堂。

許多人相信一旦我們到了天堂，所有的過錯都可以得到赦免，從此過著幸福快樂的日子，但這並不是事實。我們在「回家」時，往往都帶著情緒的包袱。這真是件很可惜的事。

很多年前，我曾陪伴一位友人生產。我們進入產房時，我看到那個即將住進嬰兒身軀的靈魂正漂浮在房間的角落上方。當時他身邊還有兩位指導靈以及九只手提箱。我悄聲問他：那些手提箱是用來做什麼的？他說那些都是他要帶到今生來解決的問題。之前我從未見過這樣的情況，但如今我每次在育嬰室裡看到那些新生兒時都會憶及這一幕情景，心想這些小嬰兒不知道帶了多少包袱到今生來解決。因此，我認為我們在離開人世之前，一定要儘可能清掉屬於今生的包袱。

做個安靜的傾聽者

最近一個曾參加我進階靈通力工作坊的學生告訴我，她的表哥得了癌症，無法開刀，已經快死了。她不知道應該對他說什麼，讓他能夠開口談談自己目前的狀況。之前她問過好幾次，但他總是用「還好」一語帶過。她不想讓表哥覺得她很多管閒事，但她又真的很想了解他目前的想法和感覺，也想知道自己是否能為他做些什麼。我的回答很簡單：「妳就問他，目前有什麼感覺？心情如何？有什麼想法？妳要表現得很平靜，並要與他同在，讓他知道妳希望他能夠很誠實的回答，而且妳也可以承受他所說的一切。」我們在提出這些問題時，對方可以看出我們是經過深思熟慮，還是心裡其實不太自在但又覺得非問不可。如果我們感覺不太自在，說起話來可能就會像機關槍一樣快速，或者一直忙著張羅鮮花或食物之類的東西。事實上，在這種情況下，最好的方法就是安靜坐下來，聆聽他們的回答。如此一來，我們也比較能夠根據自己的直覺，提出一些合宜的問題。

如果對方願意開口，但卻好像不知道該說些什麼，你可以問他們類似以下的問題：

- 有哪些時光是你最懷念的？
- 如果可以重來一次，你想改變什麼？
- 你最自豪的事情是什麼？
- 有什麼事情讓你感到後悔嗎？

你可以問他們心中是否有任何怨懟、怒氣或仇恨，然後溫和的勸他們原諒那些傷害他們的人。如果他們跟某人還恩怨未了，你可以主動表示：如果他們願意寫一封短箋給對方，你可以幫忙寄送。他們每說完一個故事之後，你可以問他們從這個經驗中獲得什麼？學到什麼？光是思考並回答這個問題，對他們而言可能就很具療癒的效果。你們之間的對談最好以這類正面的話語作結。

請記住：你在提問和聆聽時，不要批判。這是他們的故事，不是你的。對於他們的生命經驗，他們有自己的想法和信念。你只需要聆聽並願意花時間了解他們就可以。

如果你願意花點時間真誠的聆聽將死之人訴說他們的生平，對他們而言就是一份莫大的恩惠。如此，輪到你要走的時候，或許就會有人給你同樣的關愛與善意。

請記住：那些即將過世的人正處於一個激烈的過程，要把今生的事情做個了結。他們越能釋放自己的痛苦情感，就越容易渡過這個轉化期。如果他們能夠放下怨忿悔恨，清清爽爽的「回家」，他們在「那邊」就能夠過得更好。

製作一本「人生剪貼簿」

有一年聖誕節，我製作了一本關於我父親的生平及成就的剪貼簿，在裡面放了許多他的照片以及我所能找到的每一個有關他的紀念品。當他翻閱的時候，感動得說不出話來。我還記得他當時很自豪的將那本剪貼簿送給了我的外甥，好讓他永遠記得祖父。到現在，我還是很高興自己當初願意花時間來做這件事。

大約十五年前，我失去了一個很心愛的人，打擊很大。當時我以為我心裡的傷口永遠無法復原。但有一天晚上，我把我所能找到的有關我們倆的紀念品全都集中起來，製作一本剪貼簿，重現我們一起做過的每一件事情。我每天做一點，每天做一點，後來發現，當我越是在這個過程中發揮自己的創造力，就越感受不到那失去愛人的傷痛。

當我為那些即將過世的人或即將失去親人的客戶通靈時，我的指導靈往往會讓我看到這些客戶正在製作一本剪貼簿，用具創意和建設性的方式記錄這一生當中對他們而言最特別的時光。當我和那些往生者溝通時，往往發現他們很擔心自己過世一段時間之後會被人遺忘。我們一輩子努力工作，就是要創造屬於自己的人生，即便我們已經死去，可能也很難完全放下，並會擔心自己被遺忘。把我們的一生製作成一本剪貼簿，就是歌頌人生的一個絕佳方式，也可以讓所愛的人在我們走後仍擁有很特別的紀念品，讓我們可以永遠留在他們的記憶中。無論是你本身即將告別人世，還是你有親人快要離你而去，我都強烈建議你花一點時間製作剪貼簿，或用其他對你而言具有意義的方式來收集你的回憶（我在第六十一頁提出了一些其他建議）。

許多人在得知自己餘日無多時，都會封閉自己的心靈，變得非常沮喪，成天盯著電視，等待死亡的降臨。如果你正巧也是其中之一，我要請你關掉那該死的電視，用看電視的時間製作一本關於你人生的剪貼簿。畢竟你還活著，你的心智仍然可以運作，否則你就不會閱讀這本書。所以，請你製作一本有關**你**的剪貼簿。

坊間有一些專門販賣剪貼和建檔材料的商店。逛逛這些店也挺有意思的，或許會讓你心情變好一些。如果你無法親自出門去購買這些材料，可以請人幫你代購，或上網訂購，宅配到府。

你可以把製作剪貼簿當成是一個慶祝活動。如果你願意的話，去買一本很大的剪貼簿，再買一些貼紙、膠水和各種顏色的馬克筆、蠟筆、彩色筆或色鉛筆。除此之外，你還可以收集一些雜誌，把裡面的文字或圖片剪下來，用來描述你生命中的一些時光。

彰顯一生的回憶錄

這本剪貼簿可以包括以下內容，但這只是我的建議而已。畢竟這是你的剪貼簿，只要是你覺得最能夠代表你這個人的東西都可以放進去。

- 童年的回憶：你最喜歡的玩具、節日和生日、你收過最特別的禮物、對你而言最特別的親戚和朋友（你可以說明他們為什麼這麼特別）、你最喜歡的遊戲、你喜愛的書、你所從事的運動，以及你小時候養的寵物等等。
- 中學時期的回憶：你的朋友和心上人，包括你的初戀在內。
- 大學時期的回憶：當年的情景、你最喜歡的課程或教授、他們長什麼樣子、你自己是什麼模樣、你上課時喜歡做什麼。

- 重要的愛情關係：和每一段感情相關的照片和（或）記憶。
- 離婚或分手的經驗。
- 你的子女和孫輩。
- 軍中的經驗、你作戰的目標或你抱持的理念。
- 你的嗜好。
- 你的職業或工作。
- 你的重大成就、你曾經克服過的障礙。
- 你尚未實現的夢想和目標。
- 你對退休的想法。
- 你住過的地方。
- 你曾經旅行過的地方。
- 你希望至親好友記得哪些關於你的事情。

- 你從未向至親好友透露的事。
- 你生命中最美好的時光。
- 你生命中最淒慘的時光。
- 重要的朋友。
- 你開過的車子。
- 你製作或創作的東西。
- 一個名為「一筆勾銷」的專區，列出所有令你怨恨的事、曾經傷害你的人以及他們傷害你的原因、你傷害過的人以及你傷害他們的原因。

其他頌揚個人生命的紀念方式

製作剪貼簿可以是一件很好玩的事，但你不一定非這麼做不可。重點是要用一種別人會樂於欣賞的方式來呈現你的想法、信念和回憶。如果你無法製作一本精巧詳細的剪貼簿，也可以採用別的方式。以下是我的建議：

- 準備一枝筆和一些紙，隨時記下你想傳達給別人的訊息。不要擔心自己寫的東西不夠好、字跡不夠工整或文法有錯誤。
- 把照片和紀念品集中放在你所能找到的任何盒子或袋子裡。
- 錄下你的聲音或影像，想到什麼就說什麼。如果你不知道要說什麼，可以參考先前有關剪貼簿內容的建議。這份禮物不僅是為你自己製作的，也可以讓你摯愛的人在未來的許多年藉此來懷念你。如果你沒有力氣自己做，可以請朋友或家人幫你。對你們而言，這或許將是一段很特別的時光。

CHAPTER

4

靈魂的生死決定

4

星盤上的退出點

我在演講中談到有關死亡和死後生命的議題時，經常有人問我，人何時會死是不是命中注定的。我的答案是：有時候的確如此。我在第一章中提到：我們的星盤上已經顯示了我們的退出點。所謂退出點，是指一個很重要的時間點。在這個時間點，我們的靈魂可以選擇要不要結束這一世的生活。我猜會讀這本書的讀者應該有許多人都已經體驗到下列這些跡象，感覺自己好像已經到了一個退出點：

- 你覺得你快死了。
- 你夢見自己死了。
- 你的內心有一個聲音，要你把所有的事情都處理好。
- 你的睡眠時間變得比平常更長。
- 你感覺自己有一股想要捨棄財物的欲望。

到了退出點時，靈魂會盤點他在這一世完成的事，在「那邊」的長老協助下，決定是否要繼續留在人間，待到下一個退出點，還是就此做個了結。這就像是我們高中畢業時決定要不要上大學一樣。我們是要停止學業，還是要延長生命，繼續學習？

這個過程短則三天，長則好幾個月，有可能是一段非常激烈的時期。各式各樣需要療癒的情感和回憶都會浮上檯面。退出點是一個很重要的關鍵，一旦我們的靈魂決定要了結今生，宇宙就必須安排各種情況，讓死亡發生。

我二十九歲時曾經開刀，把子宮完全切除。手術過後醒來時，發現我的摯友吉妮・米勒（她是個占星家）正坐在床尾。她看到我醒過來，鬆了一口氣，立刻跑去告訴護士我醒了。很快的，好幾個護士到病房來檢查我的狀況。其中一個護士告訴我他們都很擔心我。我問她為什麼，她說，今天已經是星期六了，而我是星期二動手術，卻一直到現在才醒過來。我問她為什麼我沒能早點甦醒，她說他們也不確定，或許我被注射了太多麻醉藥了。護士走後，吉妮告訴我，我正位於我的星盤上的一個主要退出點，因此她很擔心我會死掉，顯然我的靈魂決定要繼續活著。想必我在「那邊」和長老們討論得很熱烈，才會過了這麼久才回來。至於那五天當中發生的事情，我一點都記不得了。我發現自從那次以後，又經歷了三個退出點，但我的靈魂顯然還是選擇要繼續活著。

並不是每個人都有好幾個退出點。有些人只有一個。在這種情況下，他們死亡的時間就是「命中注定的」。如果一個退出點的到來是為了讓你盤點一生，那麼靈魂通常會選擇留下來。有一次，我一個好友發現自己得了乳癌。我察看了她的靈魂，發現她正位於一個退出點，需要有人努力勸導才會留下來。這是因為靈魂感覺她並沒有在做原先想要做的事情，不僅在工作方面沒有進展，也看不到任何其他的出路，所以她的靈魂已經很疲倦了。但是宇宙很有智慧，給了她一記當頭棒喝，幫助她看清自己其實是想要繼續活下去的。後來她的化療做得很順利，身體復原狀況也很好。如今她的工作已經進展到超乎她從前所能想像的地步，因此，她很慶幸這次罹患癌症的經驗讓她學到了很多東西。所以，我們顯然可以把退出點視為靈魂的一記警鐘。

我曾經提過：在我們的星盤上可以看到這些退出點，但並不是所有占星師都了解，也不一定找得到這些退出點。這並不像行星與另外一顆行星合相那麼簡單。如果你想知道你的退出點，請去找一位具有這方面知識的占星師。

不過，我勸你不要急著知道自己什麼時候會死。我的客戶問我他們什麼時候會死，我很少能夠接收到這方面的訊息。偶爾能夠接收到時，他們的靈魂也總是請我不要告訴他們，因為這樣一來，他們可能會陷入沮喪的狀態，無法完成靈魂希望他們在死前能夠完成的事。我們的心智以為能承受得住知道自己何會死，但事實上，它沒有辦法。

圍籬或滑梯

死亡，是一個很吸引人但又往往令我們困惑的主題。我曾遇到一些客戶，明明已經接受了臨終聖禮（last rites），但後來卻恢復健康，多活了好幾年。相反的，我也曾聽說有許多人只是因為身體疼痛就醫，幾天之後就過世了。我們往往以為自己知道發生了什麼事，但到了後來才發現事實並非如此。

我身為一個靈視者（clairvoyant），在為客戶通靈時接收到的訊息都是以圖片和畫面的方式呈現。當我面對一個已經被診斷患有重病的人時，通常會看到兩種不同的畫面。後來我逐漸明白了這兩種畫面各自代表的意義。如果我看到他們坐在圍籬上，就表示他們正位於一個退出點，正試著決定自己的去留。如果我看到他們坐在一座滑梯上，那就表示他們即將死去，他們在滑梯上的位置顯示還剩下多少日子可活。如果坐在滑梯的頂端，代表他們有比較多的時間去享受餘日，並把事情安排妥當。如果坐在滑梯的底部，就表示幾天之內就會死亡。

我的好友里伊死於肺癌。他第一次打電話給我，告訴我醫生的診斷時，我察看了他的靈魂，發現他正坐在滑梯的頂端。我很不希望看到這幕景象，但至少他還不致很快過世。之後，他每次打電話來，我都看到他的靈魂正慢慢一吋一吋往滑梯的下方移動。我很想建議他別再做那些化療和放射線治療，這些治療讓他變得越來越虛弱，不如把僅剩的一點點精力用來與家人好好相處，但當時他已經下定決心要盡量延長生命。他知道我的工作，卻從不曾問我是否認為他可以活下來，因此我也不便告訴他我看到的景象以及我的想法。

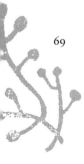

直到醫生告訴里伊那些醫學治療對他無效，問他是否想要再做另一個療程時，他的妹妹插手了。她告訴里伊：「不要再做了！」她也是靈療師（psychic healer），知道他的癌症治不好了。後來他接受妹妹的建議，不到兩、三個月後就過世了。

曾有一個客戶寫電子郵件給我，問我有關她堂哥的事。她說堂哥今年七十歲了，目前正住在安寧病房。那裡的工作人員告訴她，病人已經開始不吃不喝，似乎已經不久人世。他們勸她「放棄」，因為病人的生活品質已經不太好了。她想知道我是否可以和病人的靈魂溝通，了解他究竟希望她怎麼做。

聽了她的描述後，我原本以為我會看到他坐在滑梯尾端，但沒想到他卻帶著滿臉笑容坐在一道圍籬上。他告訴我，他現在很滿足，不希望任何人對他的身體做任何事。他很高興堂妹如此關心，會想到徵詢他的意願，而不是直接放棄他的生命。我應她的要求，反覆問他是否想留下來，但他只是笑了一笑。我想他當時是在評估整個情況，想看看他自己的身體究竟有多強壯，是否可以繼續活下去。後來有一年多的時間，他的靈魂始終坐在圍籬上，但他的身體卻變得越來越有力氣。最後，他離開安寧病房，搬進了一家安養院，在那裡生活了好幾個月。這段期間他雖然無法說話，能做的事情也很有限，但他並不在乎，反而很高興自己還活著。

幾個月之後，她再度打電話來，說病人的性格大變，請我幫忙看看他的靈魂是怎麼回事。想到能夠再度看到他並了解他目前的狀況，我就覺得很高興，但讓我驚訝的是：這回他的靈魂不再是滿臉笑容，反而神情嚴肅，而且已經在滑梯底部四分之一的地方了。原來這陣子他一直待在一具功能有限的身軀裡，他的靈魂已經厭倦。他告訴我，他終於準備好了，他要放棄身體，回到天上的家。我問他是不是有任何事情讓他無法立即離開，他說他正等著了結他和某人之間的宿業（karmic business），之後就會離去。後來，我的客戶告訴我：一個星期之後，一位好幾個月沒見面的老朋友順道過來看他，和他聊聊。結果這位朋友走後沒多久，他就過世了。

我的好友丹尼是一個樂天知命、隨遇而安的愛爾蘭人，有一臉迷死人的笑容，可說是人見人愛。有一陣子他覺得身體不太舒服，皮膚也逐漸變成很詭異的橘色調。有一天，他在明尼亞波利市的小島湖畔散步時，突然倒地不起。剛好有一個十歲的男孩騎單車經過，見狀便趕緊打電話給九一一。後來丹尼被救護車送到醫院，住進加護病房，陷入昏迷的狀態。醫生們發現他有糖尿病以及C型肝炎引起的肝衰竭。

大約一星期後，丹尼甦醒了，醫生讓他出院回家，要他嚴格遵照醫囑服用藥物，並等待有人捐贈肝臟，讓他能夠做肝臟移植（儘管這樣的機會十分渺茫）。從此，我每天都幫他做遠距療癒，讓他的肝臟功能在等待捐肝者的期間不致惡化。我第一天幫他做遠距療癒時，想到自己即將看見他的靈魂，便不由得有些緊張，因為他病得如此嚴重，我確信我會看到他的靈魂坐在滑梯上的某處，但出乎我意料的是：他竟然坐在一道圍籬上。

我問他的靈魂是否有任何打算，他說他想看看自己到底要承受多少磨難再做決定。其後的每一天，我在幫他做療癒時，都會和他的靈魂說話。當時他雖然身有病痛，但心情並未受到影響，彷彿他把身體當成一輛車子似的：如果還能修得好，他就繼續開；如果不能，就把它扔掉。

大約四星期後，他們發現丹尼有個侄子很適合捐肝，於是這個二十五歲的年輕人把一部分的肝臟捐給丹尼。後來那兩、三個星期，由於丹尼的身體要適應新的肝臟，於是我繼續為他做遠距療癒。有趣的是，他的靈魂仍舊坐在圍籬上，因為他還沒準備好要接受自己的身體。

有一天早上，當我正在靜坐時，突然聽到一個聲音說：丹尼已經不需要再做療癒了。於是我察看他的靈魂，看看他是否已經做了決定，結果發現他不再坐在圍籬上了，他決定回去過他的人生。他原本從事拍攝紀錄片的工作，之後那兩年，他製作了一部紀錄片，宣導器官移植的重要性。影片完成不久，他又生病了。當他去做例行的健康檢查時，發現他得了癌症，而且已經擴散到全身。醫生建議他接受化療和放射線治療，於是他打電話給我，問我是否可以和他的靈魂溝通，幫助他決定是否要接受這些治療。

我問他的靈魂是否可以和我談一談，告訴我發生了什麼事。讓我非常驚訝的是：我看到他坐在靠近滑梯底部的地方。於是我便告訴丹尼他已經來日無多（他向來都希望別人對他說實話），所以他應該放棄治療，好好和家人相處，享受剩餘的時光。

由於我們的身體原本就有努力求生的特質，因此當我聽到丹尼說他還是想接受治療時，並不感到驚訝，但卻有些悲傷，因為我希望這位可愛的朋友在人生的最後階段，能夠擁有較好的生命品質。

之後，丹尼做了一次化療，但後來就不肯再做了。兩個星期後，他終於過世。直到現在，還有許多人很懷念他。

死亡並不是那麼容易預測的

接下來，我想講一下有關我的母親梅．波亭的故事。她罹患肺氣腫五十多年了，身體有不少毛病。一個星期六早晨，她覺得自己不太對勁，打電話給我的妹妹妮姬，請她過去一下。妮姬的住處距離母親的房子只有六條街，她立刻衝過去看個究竟。結果她抵達時，發現母親的嘴唇已經發紫，而且呼吸困難，便打電話給九一一。當救護車急急忙忙將她送到醫院時，她已經沒有呼吸和心跳。所幸醫生們後來又把她救活，幫她施打藥劑，讓她陷入昏迷狀態，好讓她的身體能夠逐漸恢復力氣。但醫院的護理人員很坦白的告訴我們：她活下來的機會微乎其微。

不幸的是，當時我得前往丹佛市，在那裡的一場重要會議中發表演說，必須出城兩、三天。我的弟弟妹妹都要我放心，說他們會一直守著母親，如果情況有任何變化，會立刻打電話給我。兩天後，我搭飛機回家時，想到自己很快就可以再見到母親，心裡不覺鬆了一口氣，但突然間，她的靈魂卻出現在我面前。她告訴我這一整個星期她一直坐在圍籬上，看著她的身體掙扎求生。她說她已經累了，不知道是否應該結束這一世的生活。

母親的靈魂很詳細的向我描述她未來這個星期的處境。她說星期天會從昏迷的狀態中甦醒過來。星期一醫生做一項例行檢查，會不小心弄破她的肺葉，必須做一次緊急手術。開完刀後，雖然已經脫離險境，但那兩天她的身體會很虛弱。到了星期四，他們又必須幫她動一次臨時手術。她說這一次她就撐不下去了，在星期五之前她就會走掉。她的靈魂在向我描述這些事件時，神情非常平靜，對她自己的死亡似乎沒有什麼感覺，只是把事實說出來，說完後她就消失了。

後來，從星期天一直到星期四，事情的發展果然一如她所預測。這段期間，我每天都看到她的靈魂坐在圍籬上等待著。即便在她動第二次手術（醫生發現她的膽囊有問題，必須立刻開刀）的那天早上，她的靈魂還是坐在圍籬上。當我試圖和她說話時，她立刻轉過頭去，彷彿在說她沒有辦法（或不想）和我談話。

在她進行第二次手術期間，我的心情跌到了谷底，因為她先前曾說她過不了這一關。我並沒有把她說的那些話告訴我的弟弟妹妹，心裡暗自希望結局會跟她所說的不同。結果，後來的發展也確實如此。

醫生從手術室出來後，告訴我們這次開刀還算順利，並說她再過兩、三個小時就會清醒了。手術後那三天，我不想去病房探望她，因為覺得她的靈魂似乎距離我很遙遠，想等到我能再度感受到她的存在時再說。

星期一早上，電話鈴響起，是母親打來的。她說她做了一些很怪的夢，夢見自己到了「那邊」，但因為她覺得自己還不到應該死的時候，所以她回來了。之前我並不知道靈魂會突然改變主意，但我還是很高興她的靈魂做了這樣的決定。

大約五年後，也就是二〇一二年五月，我開始夢見我和母親到了「那邊」，而且每天晚上都和她的老朋友見面，也認識了很多新朋友。最初我以為只是在做夢罷了，但這些夢境卻變得越來越真實，連我醒著的時候都感覺怪怪的，彷彿有一半的我已經到了「那邊」，另一半的我卻試著要住在我的身體裡。這段期間，我的日常生活變得一團糟，什麼事情都會忘記。明明前一天才跟別人講過的話，第二天卻一點也想不起來。除此之外，我的睡眠時間也長了，除了像平常那樣晚上睡足九個小時之外，下午還要再睡兩、三個小時的午覺。這樣的情況持續兩、三個星期。

到了六月一個星期二的早晨，我打電話給母親，探問她的狀況，聽到她呼吸的聲音不太對勁，好像得了肺炎。我請她打電話給樓下的護士（她住在一個提供居家照護的地方）。當時她的狀況聽起來很糟，我非常緊張，便打電話給我的弟弟妹妹，把情況告訴他們。後來，母親回電話給我，說那裡的護士也認為她好像得了肺炎，立刻叫了救護車。之後，我的一個弟弟打電話來，表示他會去醫院和她會合，讓我得以按照原訂計畫去整脊。在前往整脊診所的路上，我突然聽見腦海裡有一個聲音反覆說道：「艾珂，時候到了。艾珂，時候到了。」我打電話給我那位同樣可以通靈的弟弟麥可。他說他的腦海裡也浮現同樣的聲音。

我回到家後，麥可來接我，我們立刻趕往醫院。然而，當我們抵達時，出乎意料的看到母親坐在床上，呼吸正常，氣色也很不錯。她看到我們都趕過來了，有點訝異。當我的弟弟們出去找醫生談話時，母親問我是否認為她快死了。我告訴她之前在腦海裡所聽到的那個聲音。她說那是她在向我傳送強烈的意念，因為當時她確信自己快要死了，希望我能明白。她說當她傳送了那些強烈的意念之後，有一個聲音問她想要留下來還是離開。她說她想要留下來。才剛說完，她幾乎立刻就感覺自己好了一些。

醫生們讓她留院觀察了一個晚上。由於她的狀況頗為良好，第二天就讓她出院了。當我們倆單獨在一起時，她告訴了我另外一件事。她說她很抱歉過去這一個月來把我抓得很緊。她知道她一直要我和她一起去「那邊」，對我而言是很不公平的，但她很害怕獨自一人前往。我告訴她，我之前一直夢見我們一起到了「那邊」，而且感覺很真實。她說她知道，因為她也做了這樣的夢。我很驚訝她對這些「夢」（或者也可以說是靈魂出體的經驗）有知覺，也因此很好奇是否有許多人在心愛的人準備要離開時會跟著他們一起去「那邊」，只是自己沒有察覺罷了。對我而言，關於死亡這件事，還有很多令人難以理解的地方。

幾個月之後，我夢見母親死了，甚至看到她的遺體躺在床上。接下來有人告訴我他們已經把我母親搬走了。當我轉過身去看她的床時，發現她的遺體不見了，之後我要過著沒有母親的日子。這個夢境感覺非常真實，讓我毛骨悚然，非常傷感，彷彿一切已成為定局。

我醒來時，確信母親已經死了。我想打電話到她那兒，但總有一個聲音告訴我：就讓她去吧。我看見她的靈魂離開她的身體，幾乎一整天都在她的身體之外。那天我並未打電話給她，這對我而言是很不尋常的舉動。

第二天，我突然想打電話給她。她的聲音聽起來很有元氣。當我問她情況如何時，她說：「上帝召喚我過去，跟我談話，問我是不是準備要回家了。我說：『還沒有。』」

她告訴我，之後她的靈魂一整天都待在她的身體外面。有好幾次，她發現自己分別和我、她最好的朋友，以及某個還在世的家人，一起坐在一座鞦韆上，因此她知道她還活著。

接下來那幾個月，我妹妹時常會突然心血來潮，想幫母親做點事。有一天，她突然覺得應該煮一些蕪菁甘藍給母親吃。這不是她平常會做的事情。當她把那些蕪菁甘藍拿去時，母親說前一天她才告訴上帝：她還沒準備好要走，除非能再嚐一嚐蕪菁甘藍的滋味！

人們對通靈人有個誤解，以為我們可以預見某個人什麼時候會死亡。到目前為止，已經不知道有多少人對我說：「請不要告訴我，我什麼時候會死。」正如同我母親的例子所顯示的，死亡並不是那麼容易預測的。或許外面有些通靈人可以準確預知一個人什麼時候會死，但大多數通靈人是做不到的。這是造物主和我們的靈魂之間的事。

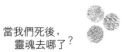

CHAPTER

5

心智對死亡的覺察、接受與溝通

5

對於死亡，我們的靈魂和心智有著截然不同的態度。我在第一章中提過，我們的心智認為能掌控自己的生命，但事實上我們之所以活著，是出自靈魂的規劃。肉體生來就是要設法存活的，因此我們的心智不太能接受死亡的想法，會盡全力對抗死亡！我曾經看過許多人為了延長生命，歷盡各種痛苦不堪的治療，到頭來卻因為這些治療而死亡。以目前的醫學技術，有許多疾病仍然無法得到安全有效的治療，因此未來還是會有很多人為了爭取渺茫的生存機會而受盡折磨。

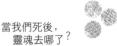

伊莉莎白·庫伯勒—羅斯（Elisabeth Kübler-Ross）在她那本開風氣之先的著作《死亡與臨終》（*On Death and Dying*）中指出，據她觀察，末期的病患在面臨即將失去生命的悲傷時，會經歷五個階段：否認、討價還價、憤怒、絕望和接受。當意識到自己即將死去時，在前面四個階段，我們的心智、情感、身體和靈性會發生許多變化，一直要到我們接受「我們的肉體已經無能為力」的事實，並且願意放手時，我們的心靈才能獲得平靜。我感覺人們因為害怕自己一旦死亡就不存在了，便拚命設法讓自己能夠繼續活下去。我寫這本書的目的之一，就是要讓大家放心，明白我們死後確實還有生命，只不過是以另一種形式存在罷了。在談到這一點之前，我們先來看看在死亡逼近時有多少覺察。

在死亡前幾個星期到幾個月，每個靈魂的反應各不相同。當靈魂提醒我們要把所有的事情安排好時，包括公證遺囑、與至親好友敘舊，以及開始清理自己的物品，有三分之一的人會注意到這個訊息並且照做。另外三分之一的人雖然有意識到靈魂的提示，但並不想理會，於是沒有採取行動，等到他們抵達

「那邊」，發現自己留給家人一堆麻煩事時，才後悔莫及。剩下三分之一的人則是完全與靈魂脫節，根本不知道他們的生命即將發生什麼變化。

靈魂會不斷給我們提示

我曾經教過的一個學生在五十二歲時猝死於睡夢中。由於事情發生突然，我們都以為他應該沒有時間做好準備。但他的妻子告訴我，在他死前九個月，就開始很有計畫的拜訪所有的親友，把先前所借的東西都歸還，想要送人的東西也送走了。那些無法親自拜訪的人，就透過寫信或電子郵件聯絡。我正是其中之一。由於我們已經十年沒聯絡了，當他打電話來感謝我對他的教導時，我一方面感到窩心，另一方面也覺得有點奇怪。在電話中道別時，我感覺他的聲音裡有一種訣別的意味。除了拜訪親友之外，在他被人發現猝死的那個星期一早上以前，他也已經把所有的文件都整理好了。

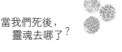

他死後，他的妻子問我他是否已經知道自己會死了。於是，我便和他的靈魂溝通，結果他告訴我他並不知道自己快死了，但他感覺他的生命即將發生重大的變化，於是便聽從自己的直覺，先把所有的事情都安排妥當。

我在從事療癒師的生涯中，曾經遇見許多已經不久於人世的客戶，都極力想將死神拒於門外。其中有些人確實獲得了療癒，延遲了他們的大限，但也有些人已經走到生命的盡頭。然而，這些人的靈魂總是叫我不要讓他們的心智知道這件事，因為他們在離開塵世之前還有一些事情要完成。靈魂擔心他們的心智如果知道自己即將死去，就會陷入沮喪，不去管那些對靈魂而言非常重要的事。

有位客戶的靈魂告訴我，她想和所有的朋友一起吃午餐，也想為她的丈夫建一座多年生植物花園，還想買一件漂亮的洋裝，做為她的壽衣。她說一旦她完成了這三件事情，她就會離開。後來事情的發展也果然如她所言。

醫生告訴我的朋友蘇莉（當時她才五十歲），她只剩下三個星期的壽命時，她起初非常憤怒：「這樣的事情為什麼會發生在我身上？我還年輕，怎麼可以這樣子就死了！」但是，在她請求上帝給她六個月的時間去完成所有她想完成的事情之後，她逐漸接受了事實。後來她果然過了六個月才離開人世，在那段期間，她也確實完成了所有想做的事情。沒有人能相信蘇莉在死前六個月內所展現的力量與耐力，但更令人印象深刻的是她和她的靈魂對於當時的狀況居然如此有共識。

我的另外一位好友（四十歲），則是在某一晚用完餐後起身走進女兒臥房，告訴女兒他多麼以她為榮，然後又走進廚房，親吻妻子（當時她正在洗碗）的額頭，告訴妻子他愛她，接著走進他們的臥房，躺上床，之後就死了。當時我還不知道該如何與靈魂對話，因此沒有機會和他的靈魂溝通，問他生前是否知道自己快要死了。我猜想他當時應該不知道自己會發生什麼事，只是突然對妻子和女兒湧出了一股深深的愛意，內心有一個衝動想要表達出來。

在趨近死亡的過程中，我們的靈魂會不斷給予這類的提示。當我們察覺到這些來自內在的無聲訊息時，無論它們聽起來有多麼奇怪，我們都要傾聽並據以行事。如果我們的心智試圖壓過這些來自潛意識的提示，兩者之間就會產生衝突，這時就很容易忽視這些提示。

聽從自己的直覺

當肉體還無法真正接受自己即將死亡的事實時，人的心智會每天反反覆覆，一會兒認為自己能夠活下去，一會兒又認為自己必死無疑。這個時期對於將死的人和照顧者而言，都是一段非常混亂的日子。他們會變得脾氣暴躁，每天哭個不停。當人在面臨死亡時，哀傷、悲痛、憤怒和絕望都是必然會有的情緒。

如果你正在經歷這個過程（或者如果你正在照顧一個即將過世的親人），要明白這些情緒的起伏都是正常的。你要把心思放在目前擁有的時光上，做自己喜歡做的事。你在人世的生活即將成為回憶，因此要繼續製造快樂的回憶，直到你在新生命中誕生為止。

如果你意識到自己的生命即將結束，請告訴某個你很信任的朋友或家人：你需要跟他們談論一件很嚴肅的事，但並不希望他們幫你解決問題，只是需要找個人說一說罷了。請你不要為了保護你周遭的人而把事情放在心裡。事實上，如果你為了不讓他們難過而隱瞞，可能會讓他們傷心更久。所以，要對雙方都公平，對他們坦誠以告。

許多人會聽從自己的直覺，和所愛的人展開這樣重要的對話。以我的母親為例，她在即將過世時，自然會想對我訴說她對死亡的感覺、想法、恐懼和焦慮。儘管在意識的層面，她相信她還可以活很久，但她卻還是想要這麼做。

另外一個例子，則是我的朋友里伊。當他終於接受自己即將死亡的事實時，我們便開誠布公的談論了這件事。每當有人問他情況如何時，他總是很明確的回答：「我快死了。」信不信由你，在最後那段時光中，能夠這樣公開的談論自己即將死亡的事實，對我們而言是很有助益的。當他逐漸邁向死亡時，我可以感覺到他的身體慢慢不再抗拒，取而代之的是一種平靜祥和的感覺。他開始回顧他的一生，細數這輩子的種種成就。每次我和他說話時，他順其自然、坦然面對生死的態度總是讓我印象深刻。對我而言，能夠像這樣和一個即將死去的人談論他的死亡，不是和別人一起假裝他不會死，真的是一個令人耳目一新的經驗。

如果你所愛的人也面臨這樣的狀況，你要憑自己的直覺決定對他們敞開多少。如果他們排斥這樣的談話，你的直覺就會告訴你：「還是不要說吧！」但如果到了可以談論的時候，你也會知道你可以開口了。

CHAPTER

6

肉體停止運作時，靈魂在做什麼？

6

關於這個問題，答案不止一個。但當我們審視各種可能的答案時，必須考慮靈魂的幾個面向。

靈魂離開身體時，我們該怎麼做？

靈魂是由能量組成的，可以迅速出入身體。如果你的靈魂有一部分離開了身體，你的身體會覺得很疲倦，頭腦也會昏昏沉沉的，就像下述這句話所形容的：「燈都亮著，但卻沒人在家。」

當你的靈魂完全離開身體時，那又是另外一種感覺。我聽過許多人說他們半夜醒過來，想上廁所，但眼睛卻睜不開，手腳也不能動。這時，他們往往會以為自己中風了，但事實上並不是，只不過他們的靈魂把大部分的能量拿去做其他重要的事。在這種情況下，最好的辦法就是保持鎮靜，不要驚慌，然後用意念告訴你的靈魂，你的身體需要起來了。這個過程可能需要花幾秒鐘的時間（要看你的靈魂在哪裡、正在做什麼而定），但靈魂是一定會回來的。

在夜裡，當我們的身體正在睡覺時，靈魂會跑去做很多事情。靈魂會和指導靈溝通、探視遠方（如軍中或國外）的至親好友，也可能會跑去探訪已故的親友或前往最喜歡的一些地方。

透過觀察一個人的呼吸和身體的動作，你就可以知道他們的靈魂在不在。當靈魂在身體裡時，身體會動來動去，發出一些聲音，呼吸也很正常。當靈魂不在時，身體就會處於靜止狀態，呼吸短淺，也不會發出任何聲音，看起來幾乎像是死了一樣，只不過心臟還在跳動，胸膛也會上下起伏。

如果一個人死亡的過程拖得很久，靈魂往往會頻繁的進出身體。當某人的靈魂離開時，最好不要試圖叫醒他或要他說話。我曾經看到有些陪在臨終者病榻邊的親友試著把他搖醒，以免他死去。但這個時候，靈魂會感覺有人正在拉扯他的身體。如果他當時正在進行某件重要的事情，會覺得不勝其擾。此外，身體在靈魂離開的狀態下被叫醒，也會很煩，因為這時身體有很大一部分的能量已經不在了，很難和別人溝通。所以，如果你看到某人的靈魂似乎已經離開身體，請等到他的呼吸正常而且精力顯然已經恢復時，再試著和他溝通。

身體死亡時，靈魂在做什麼？

身體死亡期間，靈魂做的事是看他的年齡與智慧而定。年輕的靈魂往往會等到身體吐完最後一口氣時才離開，但年紀較大的靈魂則多半會提早離開，尤其是在身體因為受到重大的衝擊而猝死時（如車禍、墜機、溺水或心臟病發作）。這是因為當靈魂越來越有靈性、越來越進化的時候，會意識到自己不需要去感覺並承受身體上的痛苦。

我曾經遇到一個跳傘選手的靈魂。他的身體因為降落傘打不開而死去。當時，這個靈魂一直待在身體裡面，看著自己摔到地上，四分五裂。他是一個比較年輕的靈魂，還沒學會在意外發生之前先離開身體。有些年輕的靈魂缺乏關於死亡的知識。他們以為只要靈魂一直待在身體裡面，身體就不會死亡，但事實並非如此。反觀年紀較大的靈魂則因為閱歷較深，懂得在死亡發生之前就離開身體，直接前往白光所在之處。這個跳傘選手的靈魂由於一心想要留在人世，因此在他的身體被送到太平間好幾個小時之後，他還待在原處，希望鎮上的法醫能夠縫合他的身體，讓他能夠繼續活下去。那天晚上，他甚至還跑到法醫的家裡，把她從床上叫起來，要法醫到太平間去處理他的身體。那位法醫是我的學生。當我去了太平間，感覺到跳傘選手的靈魂還待在一個冰櫃裡，她告訴了我這個悲哀的故事。

年輕的身體裡面也可能住著年紀較大的靈魂。一個十二歲的男孩滑雪時發生意外，被送到醫院，裝上維生系統。他有一個很老的靈魂。我和這個老靈魂溝通時，發現他已經離開病房，到了「那邊」，和已故的爺爺奶奶在一起。這個情況讓我明白：一個靈魂到了該回家的時候，可能會下意識的做出一些事情促成肉體的死亡，以便能夠回家。這個案例裡的小男孩就是這樣。他明明才剛開始學滑雪，卻跑到一座專家級的山丘施展身手。

一九九九年科羅拉多州科倫拜高中校園槍擊案發生後，我察看那些被殺的青少年的靈魂，發現其中一個女孩直接進入了白光，另外一個男孩則是立刻跑到他的母親身旁，因為他知道她一定會悲痛欲絕，很擔心她會自殺。我看到他的靈魂在槍擊案過後一連幾天都坐在母親床邊，試著安慰她。在這些靈魂當中，有些處於震驚的狀態，不明白究竟發生了什麼事，也不知道自己身在何處，有些則明白這是他們的生命藍圖的規劃之一。許多之前已往生的親戚（尤其是爺爺奶奶們）試著安慰這些靈魂，並鼓勵他們前往「那邊」。事實上，無論我們是猝死還是拖了一陣子，我們已經死去的至親好友都會現身，幫助我們順利回家。

當死亡並非驟然發生，靈魂還有時間可以為生命的結束做好準備時，身體的睡眠時間會延長，好讓靈魂能夠來來去去，不受干擾。這段期間，靈魂會向我們的心智傳送意念，告訴它有哪些事情需要處理。同時，靈魂也會傾聽家人之間對現況的討論以及醫護人員的診斷。在這整個過程中，他也會透過意念向所愛的人傳達意願。他會利用這些人在睡覺時，直接和他們的靈魂交談，讓他們明白之後會發生什麼事情。這些訊息都是透過夢境傳送，而且你一定分得出這樣的靈魂溝通和一般夢境的不同，因為靈魂溝通的夢感覺非常真實，讓你一整天都忘不掉。

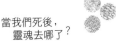

進出兩個世界

即使到了臨近死亡的時候，我們的靈魂還是非常活躍，因為他們必須放棄他們所創造而且居住多年（在大部分的情況下）的身體。這段期間，靈魂會定期往返於天上和人間。這有助於他們放下人間的一切。他們會看到許多已故的至親好友熱切等待他們回到天上，但同時也會看到那些還活在人世的親友守在床邊，祈禱奇蹟能夠發生。因此，當他們進出這兩個世界時，心情就像坐雲霄飛車一樣！（這和我們出生時的情況類似，只不過兩邊的情況剛好相反。在出生時，我們在「那邊」的至親好友看到我們離開他們，來到人世開始新的生活，會十分傷心，但我們在世間的家人，則會為了我們的到來而欣喜若狂。）

在這裡，我還要告訴你們兩個動人的故事，讓你們更加了解人的靈魂在身體真正死亡之前會從事哪些活動。

我的牧師過世的那天早上，我正在廚房裡做餅乾。突然間，窗簾微微的飄動了一下，我感覺有人握住我的手，同時聽到一個男人的聲音說：「謝謝你。」我停下手邊的工作，心想這究竟是怎麼一回事。過了一會兒，電話鈴響了，是一個朋友打來的。他告訴我克拉克牧師剛才過世了。我之前一直在為克拉克牧師做遠距療癒，做了好一陣子，但最近他的身體情況突然惡化。我相信剛才是他在前往「那邊」之前來到我這兒，和我握手，向我道謝，因為我對他的療癒讓他有足夠的精力在死前完成所有對他而言很重要的事情。我所療癒過的許多客戶都是如此。這些療癒可能無法「挽救」他們的性命，但卻能讓他們的身體有力氣去完成那些對他們的身體、心智和靈魂來說很重要的事情。

一個星期五的晚上，我心裡突然產生了一個很強烈的念頭，想去看看我的朋友蘇莉。當時她正因為結腸癌而住院，已經來日無多。我抵達時，她的靈魂問我是否可以幫她搓腳，然後又以非常清楚的聲音問我是否願意帶她到「那邊」去。這些問題讓我有些吃驚，因為我不確定她要我怎麼做，但我還是告訴她我當然願意，並請她在做好離開的準備時告訴我一聲。

第二天早上，我原本應該在九點前起床出門，去某一場活動為人通靈，當我在七點半試著要醒過來時，發現我的靈魂完全離開了我的身體，正在星光界（astral plane）——位於世間和「那邊」之間的一個空間。我想打電話給我的事業夥伴，告訴她我會趕不上那場活動，但我的身體卻幾乎動彈不得。幸好後來我還是勉強辦到了。打完電話後我回到床上，砰一聲躺了下來，一直呼呼大睡到下午四點半為止。當我逐漸醒來時，聽到一個聲音說：「去割草吧！」

我一片茫然，不知道花了多久時間才恢復意識。一旦我的意識恢復之後，立刻走去外面割草。在院子裡走動時，靈魂逐漸回來了。這是因為割草的動作有助於讓身體和大地接觸。當我的意識完全恢復時，我開始了解自己這一整天到底做了什麼事情。

原來是蘇莉的靈魂和我的靈魂在星光界會合，她帶我去她最喜歡的一些地方。我們去北邊她成長、上學、和朋友廝混的地方。我們慢慢走著，四處瀏覽。她很興奮帶我參觀那些對她有特殊意義的地方，然後我們進入白光，穿越隧道，到了「那邊」。當時，我們兩個都剛剛戒掉酒癮，而我們在「那邊」所看見的第一個人便是我們在匿名戒酒會的協助人比爾。他過來跟我們打招呼，我們都很驚訝能再看到他！蘇莉笑得很開心。之前我們有許多朋友因為酗酒而失去生命。此刻他們都一個一個過來迎接蘇莉。對於我們兩人來說，這都是一次非常美妙的經驗。我很慶幸自己能夠參加這次團聚。

我繼續割著草，感覺自己的身體越來越強壯，不久就清清楚楚的想起了當時所發生的事。現在我的任務已經完成，蘇莉已經到了「那邊」，和她的家人和朋友在一起了。我離開之前，問了她她的身體是否已經停止運作。她說她的心臟很強，還得花一天的時間才能走完這個過程。後來，她果然在二十四小時之後過世。

為什麼有些人的死亡過程拖那麼久？

我之前說過，經常會有人問這個問題，他們一直守在臨終的親人床邊，但病人卻拖了好幾天、甚至好幾個星期才嚥下最後一口氣。他們經常問我，上帝為什麼不讓病人早點死去，免得繼續受苦？但重點並不在此。儘管有時我們的親人死亡的過程顯得如此漫長，似乎永無止境，但其實這正是他們所需要的，其中自有道理，我們無須質疑。死亡對於身體和靈魂而言，都是一個激烈的過程，我們應該讓臨終的人有充分的時間走完這個過程。我們要相信一個人何時會死乃是天意，無論在死亡過程中有多麼艱辛。到了某個時間點，死亡的益處就會以某種方式顯現。

此外，你相信也罷，不相信也罷，事實上我們並不需要一天到晚守著臨終的親人。有些人覺得他們應該一天二十四小時守在臨終者的床邊，直到他們過世為止。但我希望你明白，靈魂並不介意肉體死亡時身邊無人陪伴。事實上，在許多情況下，當床邊沒有一群人哭泣或祈求奇蹟發生時，靈魂反而比較容易走得開。無論你是守在臨終者的床邊，還是坐在家中的安樂椅上滿懷愛意的想著他們，他們都可以感受到你的愛。

事實上，到了生命的盡頭，靈魂很少待在房間裡。我為別人通靈時，人們通常會問往生者是否滿意親友們最後做的醫療決定。當我問靈魂這個問題時，他們通常都茫然的看著我，彷彿在說他們根本不記得死前幾個小時所發生的事。

有一次，我接到一個女人打來的電話。她說她的丈夫似乎在死亡的最後一個階段被卡住了，問我是否可以到醫院去幫助他跨越過去。然而，當我抵達時，他的靈魂根本不在醫院附近，於是我在那裡等他回來。他回來後，神色非常激動不安，因為他已經過世的母親看到他即將「回家」，顯得非常雀躍，但他的妻子卻因為他將不久人世而傷心至極，讓他面臨進退兩難的局面，不知道該如何是好。他的身體受了槍傷，他已經不想再和它有任何瓜葛，而且他也厭

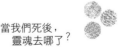

倦因肺氣腫而呼吸困難的日子，但他太愛妻子了，無法想像沒有她的生活。

我問他是否需要我幫忙。他說他不知道如何切斷他和妻子心之間的連結，因為他已經跟妻子一起生活了四十年，從來沒想過會有這麼一天。最後，我問他是否已經做好離開的準備，他說他認為自己應該往前走了。接下來我又問他的妻子是否已經準備要讓他走了。她說：「還沒有，但也只好如此。」於是我便祈求高靈指引我該怎麼做。這時我腦海中浮現了這樣的情景：我拿著刀，切斷連結這對夫婦之心的感情能量索。十秒鐘之後，那男人就嚥下了最後一口氣，我也看見他的靈魂回到天堂。

該放手的時候

有一次，一個年輕人打電話來，請我去幫他八十三歲的爺爺做療癒，因為老爺爺發生了很嚴重的車禍。他說爺爺是他的一切，他不能沒有爺爺。這次我仍然像往常一般，在了解身體的問題之前，先確定靈魂在哪裡。結果我發現這位爺爺的靈魂正站在隧道（前往「那邊」的通道）裡，和他已經過世的哥哥說話。後者極力勸他放棄自己的身體，一起回家。

有意思的是，爺爺的妻子已經在這次車禍中喪命，而且已經到了「那邊」，但那些指導靈卻不肯讓她出來和他說話，祂們說他必須自己做決定，不是讓別人幫他決定。這位爺爺看起來很苦惱，因為他不想離開孫子。我問他有何打算，他便開始向我說明他目前的身體狀況。他說現在渾身瘀青，全身各處都有骨折的現象，肺部也發炎了。我告訴他，我會給他一些時間和他的哥哥談一談，同時我也會向他的孫子說明他的靈魂目前的處境。

後來，我向那位年輕人解釋爺爺目前所面臨的艱難處境，但他一點都不想聽。他只是不斷的要我為爺爺療癒，讓他好起來。幾分鐘之後，我回去探視老爺爺，想知道他目前的想法。他告訴我，他已經決定要回天上的家了，但要過十七個小時才會走。他要我告訴孫子，他很抱歉，他已經沒有力氣、也沒有意願再住在那具破舊的身軀裡。十七個小時之後，他就走了。

我們當中大多數人都像這位年輕人一樣，希望我們所愛的人能夠留在這兒，不要死，不要離開我們，但是當他們的身體已經破舊不堪，靈魂也必須往前邁進時，為了他們好，我們也只能放手讓他們離去，想著他們去了天堂。

CHAPTER

7

死亡的時候有什麼感覺？

7

怕死而不敢死

幾年前，一個年紀才三十出頭、性情很好的男人前來找我，要我為他療癒腦瘤。他和年輕的新婚妻子想去度假，遠離醫院、醫生、化療和那些憂心忡忡、讓他們幾個月都不得安寧的親戚，但是他的視力有問題，走路和說話都有困難，而且他的精力就像雲霄飛車一樣高高低低的、起伏劇烈。我第一次幫他做靈療時，發現他的靈魂看起來非常不安。我問他怎麼回事，他說他不想談論目前的情況，也不願去想有關死亡的事，只希望自己能夠痊癒，並且和心愛的女人一起生活。

那次療癒效果非常好。他的精力恢復，視力改善，走起路來也夠平穩，可以和妻子去度假（這是他們應得的假期）。但過了兩、三個月之後，他又打電話來請我幫他做療癒，因為他之前的症狀全都回來了，而且現在只能躺在床上。於是，我便開始每個星期去他家幫他做療癒。

他的腦瘤已經擴散了，但他還是懷抱希望，企圖戰勝癌症，活到一百歲。他告訴我他很怕死，也不想死，因此決心盡量延長自己的生命。當我問他為何這麼怕死時，他告訴我他擔心自己會「出錯」。他很害怕最後那一刻的到來，而且曾經多次請我告訴他，人在死亡時會有什麼感覺。

這種恐懼乃是來自於他的靈魂。我猜想他前世可能曾有過很可怕的死亡經驗。他或許就像那位直到墜地時還不肯放棄自己身體的跳傘選手一樣。或者，他曾經被活埋或慘死，而他的靈魂還沒有忘卻當時的感覺。如果我們的靈魂因為前世發生的事件而懷有某種情緒，而這些情緒一直沒有被化解，這些感覺就會持續影響我們，直到我們療癒完成為止（待會兒我就會談到如何療癒這類的恐懼）。

一、兩個星期之後，他的家人打電話來告訴我他已經過世了。於是我和他的靈魂溝通，想了解他死時的情況。他說他感覺鬆了一口氣，因為事情終於結束了，他也終於放下了。他告訴我，如果他早知道死亡的過程這麼容易，他寧願早點死，以免自己和家人受那麼多苦。

我到現在還記得他的妻子在他死前幫他照的一張相片。那是我很喜歡的一張。我在照片上看到他的房間裡擠滿了他那些已經往生的至親好友，還有一、兩位天使。整張照片上都可以看到朦朦朧朧的人形，顯示這個年輕人在死亡時並不孤獨。

人們對死亡常有的三大恐懼

這件事讓我開始思考「害怕死亡」這個議題，於是我便在臉書上邀請朋友分享他們對死亡的恐懼，結果有許多人回應（真是感謝他們！）。在此我想和你們分享我那次調查的結果，並且談一談我對人們常有的這些恐懼有什麼看法。

有許多人說他們並不怕死。這是一件好事。但也有許多人表達了各式各樣的恐懼。其中排名第一的是「離開自己的兒女，而且再也無法和他們溝通」。排名第二的是「因為發生車禍等緣故，死得很痛苦」。排名第三的則是「孤零零的死去」。另外一些人表示他們害怕自己無法呼吸、無法向所有心愛的人告別，或者害怕自己迷失在黑暗中、沒有完成自己今生想做的事、盛年早逝、下地獄、被活埋或害怕不可知的未來等等。還有不少人擔心他們到時會發現自己的信仰和理念全都是錯的，死後根本是一場空。這次調查當然並不科學，但我猜除了我的臉書朋友之外，許多人也有這樣的恐懼，因此我要針對最常見的一些恐懼說說我的看法。

首先，關於離開我們的兒女，是的，要拋下孩子一個人走掉，確實是一件很不容易的事。但如果這種情況發生在你身上，當你的孩子在夜裡靈魂出體的時候，你的靈魂還是能夠和他們的靈魂溝通，而且你仍然可以看到孩子的生活狀況，只不過是在「那邊」觀看罷了。如果你在兒女還沒長大的時候就死了，這是有原因的。或許你要等到很久以後才會明白其中的道理，但你必須相信天意自有安排。戴安娜王妃死後不久，我曾經和她的靈魂溝通。她說她的死亡是必要的，因為她的兩個兒子必須由王室撫養長大。她為此非常悲傷，不希望看到這種情況，但是早在和長老們擬定她的生命藍圖時，已經同意這麼做了。事實上，她生前已經儘可能照顧、陪伴這兩個兒子了。看到她死後表現得如此勇敢，並且能夠優雅的往前邁進，我對她感到由衷的敬佩。威廉王子曾經說他希望母親能夠目睹他的結婚典禮。我希望他明白戴安娜王妃當時確實和其他的父母親一起在場，而且看起來是非常引以為榮的模樣。

關於死亡，人們的第二大恐懼是：死亡的過程會有多痛苦？有一些人特別提到他們不希望歷經因車禍而死的痛苦滋味。事實上，每次記者訪問那些在車禍中倖免於難的人時，他們總是說根本不記得當時發生了什麼事。我先前也曾提過，在即將發生會造成肉體痛苦的意外時，大多數靈魂都會先行離開。此外，大多數人在醫院死亡時體內都已經有大量的藥劑，而且在肉體死亡的時刻，靈魂通常都已經離開。這兩種狀況都會減輕死亡的痛苦。

排名第三的恐懼是害怕自己會孤零零的死去。先前那位得了腦瘤的年輕人也有這樣的恐懼，因此他的家人才會日夜陪伴著他。如果這也是你擔心的事情之一，請你想一想他妻子所拍的那張相片。相片中所有已故的至親好友和天使都站在病人的床邊。當然，你可能會在無人陪伴的狀況下死去（當時你的家人可能剛好離開房間，或者你沒有任何親友可以陪你），但我可以向你保證：沒有人會孤零零的死去。你那些已經過世的至親好友都會圍在你的身旁，等著帶你回天上的家。

體驗死時的輕盈滋味

我建議你可以做兩、三件事情，幫助你體驗看看死亡時的感覺。你可以到附近的一家戲服店去，問他們哪一套戲服最重，然後你就把它穿在身上，並且四處走動。如果老闆許可的話，你也可以穿著戲服或坐或躺。試著體會穿著這套戲服走來走去的感覺，看看它有多麼累贅。當你四處走動，充分體驗這種感覺時，試著想像你在過去五十、六十乃至八十年的時間裡，一直都穿著這套戲服，然後你再把它脫掉，注意看看自己變得多麼輕盈——這就是靈魂掙脫肉體時的感覺。有些科學家認為靈魂的重量是兩盎司。如果這是真的，請你想像一下當你不需要「穿著」你那沉重的身體時，那將是何等美妙的滋味！

你也可以試著這麼做：坐下，背往後靠，閉上眼睛，做兩、三次深呼吸，讓自己感覺舒服而放鬆。然後，在腦海中想著附近的一棵樹，想像你飄浮起來，飄到那棵樹的枝頭，坐在一根樹枝上。想像樹葉輕輕的搖曳、微風拂過臉龐的感覺。看著那些小鳥，注意牠們的行動多麼輕鬆容易。當小鳥想要去某個地方時，只要張開翅膀飛過去就行了。試著想像你坐在那根樹枝上，感覺自己是多麼的輕盈。

現在，再想像你自己從樹枝上飄下來，回到椅子上，並進入身體裡面。感受一下此刻你身體的重量。當你坐在樹上時所感受到的那種輕盈，就是當你死去、靈魂離開身體時的感受。我們目前無法感受到那樣的自由，是因為仍然被拴在身體裡面。我在第一章中曾經提過：有一條類似臍帶的銀索把我們的靈魂和身體綁在一起。當死亡發生時，這條銀索就會被切斷。這時你就再也不必回到你在人世的沉重身軀了。

請記住：你的靈魂幾乎每天晚上都會離開你的身體，因此即將死亡時，靈魂並不至於像我那位客戶所擔心的會「出錯」。當我們準備接受自己的死亡時，我們的靈魂只不過是最後一次飄到身體外面罷了。

療癒你對死亡的恐懼

如果你對死亡很明顯的懷有恐懼，我希望你能大聲和你的靈魂對話，叫靈魂放掉這種恐懼。提醒靈魂這樣的恐懼是來自過去的經驗，而那樣狂暴激烈的經驗已經過去，**不會再發生了。**如果你的靈魂還是難以擺脫這樣的恐懼，我建議你去找一個聲譽良好的療癒師，幫助你的靈魂擺脫昔日的傷痛。

一個真實的瀕死故事

最後，我想和你們分享我在臉書上調查時看到的一則故事。那是布蘭達寫的：

害怕死亡？一點也不會呢！這或許是因為我已經有三次被宣告死亡的經驗了。從醫學的角度來說，我在出生的時候就已經死了，經過一群醫護人員急救之後，我才有了反應。我五歲時，開刀摘除扁桃腺，但醫生不小心傷到某個地方，造成我體內出血，心臟也因此停止跳動。當醫護人員用推床推我經過護理站時，一個護士看了我一眼，發現我的臉已經開始發紫。他們替我注射腎上腺素，又把我整個人倒吊起來，才把我救活了。

直到今天，五十三年前的那次經驗仍然歷歷在目。當時我感覺自己好像泅泳在一池黏黏的泥漿中，試著要游到一處空地。游啊游的，突然間我來到了一個溫暖而吸引人的空間。後來，我雖然醒過來了，但還是很想回到那裡去，因為那裡讓人感覺如此的溫暖。

七歲時，我得了很嚴重的風濕熱，在三年半之內就住院好幾次。八歲時（當時我還在住院），醫生們幫我動了一次所謂的探查性手術，因為他們認為如果能夠徹底檢查我的身體內部，或許就能夠了解我得的是什麼怪病。在手術過程中，我的心跳再度停止，但這次不知道為什麼我比從前更能掌控自己的狀況。那是一次很奇妙的靈魂出體經驗！感覺上我好像坐在手術室的大燈上，看著下面所發生的事情。

我之所以不害怕死亡是因為：我在上面看著醫護人員竭力搶救我的性命後，醫生宣告我已經死亡，有兩、三位護士因此非常緊張，有一位甚至哭了起來，但當時我卻有一種非常美妙的感受，我可以聽見所有的聲音（真的是所有的聲音！）。除了醫護人員在手術房裡的對話和動作之外，我彷彿還聽見了愛爾蘭的雨聲、非洲鼓聲、風聲、鳥語、各地人們熙來攘往的聲音、喇叭聲、嬰兒伊呀呀呀的聲音，甚至包括那些你以為沒有聲音的東西，像是彩虹、星星、海床上的小石子等等的聲音。最棒的是每一種聲音聽起來都清清楚楚，並未混雜在一起。同時，我其他的感官也都變得非常靈敏，可以摸到、聞到所有的東西。

布蘭達還告訴我：後來她向醫護人員描述她飄浮在身體的上方時，在手術房裡所看到的一切，包括他們說了什麼話，為她做了什麼事等等。他們都很驚訝，因為她描述的情況相當準確。我希望你們讀了布蘭達的經驗後，能夠相信死亡真的一點都不可怕。

CHAPTER

8

自殺無法化解痛苦

8

自殺是人們用來了結自己身體、心靈和情感上的痛苦的最後手段，但不幸的是，那些心靈和情感上的痛苦也存在於靈魂之中。因此，他們雖然想以自殺的方式來解除痛苦，卻不可避免的把那些痛苦帶到了「那邊」。我曾經幫許多客戶驅離自殺者的鬼魂（我已經把這些經歷寫在《真的鬼故事》〔*The Little Book of True Ghost Stories*〕一書裡）。看到那些靈魂在結束自己的生命後仍然處於痛苦的狀態，我總是感到很難過。

我從小就抑鬱寡歡，到了二十歲出頭就成了一個酒鬼，用酗酒的方式對抗沮喪。這是很愚蠢的做法，但我當時就是這麼做的。那段期間，我心裡一直有自殺的念頭。我心想：當我痛苦到受不了時，至少還有一個方法可以讓我解脫。這樣的想法讓我覺得挺心安的。有一晚，我拿了一杯水和一瓶「煩寧」鎮靜劑坐下來，想要結束我的生命，但卻在腦海中看到了一片黑暗的景象。同時，有一個聲音對我說：如果我真的自殺，這就是我將面對的景象。那黑漆漆的景象看起來如此孤寂而冷清，顯然不是我想要的解決方式，讓我很生氣。不久之後，我就加入了匿名戒酒會。之後的那幾年當中，我找到了許多很厲害的療癒師和醫生。在他們的幫助下，我的憂鬱症終於好了。

我們的靈魂所感受到的痛苦，是前世沒有解決的問題累積而成。這些問題都有待我們去處理。還記得在產房裡帶著九只手提箱的問題到今生來療癒的那個靈魂嗎？如果我們帶著沒有化解的痛苦（無論是心靈上還是情感上的）結束生命，我們就會變成像他那個樣子：我們會把這些痛苦帶到來世，希望最終能夠得到療癒。

自殺的人可以上天堂嗎？

我想自殺時看見的那片黑暗，並不一定是自殺的靈魂會去的地方。我認為那只是在告訴我：如果我自殺，我的心靈將會處於一片黑暗的狀態。有些宗教宣稱，自殺的人在他們「預定」離世的日期到來之前是不能進天堂的。但這種說法並不正確。無論我們在什麼時候死亡或以什麼方式死亡，上帝都會歡迎我們回到天家。

自殺者的靈魂如果留在世間，是出於自己的選擇。他們大多數是因為自己選擇了結，沒有完成來到人世的任務而覺得很難為情。有些靈魂害怕自己會因為自殺而下地獄，有些靈魂則相信自己沒有資格上天堂，因此不做任何嘗試。他們的指導靈會試著說服他們回家，但不一定能成功。一般來說，這些指導靈無法強迫任何人做他們不想做的事，但如果一個人因為服藥過量而死亡，而且靈魂處於無意識的狀態時，指導靈會把他的靈魂帶到「那邊」的一所醫院裡，讓他待在那兒，等他清醒後就會得到必要的協助（關於這點，我將在第十一章中詳述）。不過，並非所有服藥過量的人都是意圖自我了結生命的。有些靈魂是在死後才發現自己因為服用太多的藥物而死亡，因而深感哀痛。所幸天堂裡有很棒的照顧者會在這段期間陪伴、協助他們。

當媒體報導了演員大衛．卡拉定（David Carradine）在二〇〇九年意外自殺的消息時，我曾試著和他的靈魂溝通，看看他的狀況如何。當時他完全搞不清楚是發生了什麼事。將近兩天之後，他才意識到他已經不小心殺害了自己，並不是在做夢。他的靈魂不肯離開那座衣櫥（他的遺體被發現的地方），因為他相信只要能從這場惡夢中醒過來，就會沒事。連著兩天的時間，他一直不願意承認自己的生命已經結束。我聽到他說了好幾次：「如果我能醒過來就好了。」但是他的肉體當然已經醒不過來了。

當年我的憂鬱症逐漸好轉的時候，認識了一個好朋友。他也是大半生都受嚴重的憂鬱症所擾，曾經嘗試過很多種治療。有一天晚上，他在絕望中終於服下大量藥丸，企圖結束自己的生命，但被幾個朋友發現了，因此被送進了醫院。這件事情讓我很難過，因為我們已經成了摯友，我一直以為他已經慢慢康復了。最後他被裝上維生系統。有一天，他的靈魂來找我。他顯然知道自己在做什麼，打算結束自己的生命。他請我打電話給那些替他做醫療決定的朋友，告訴他們他希望把維生系統的插頭拔掉。他氣他們多管閒事，現在他只想到「那邊」去過活。

於是，我便開始祈禱，請指導靈教我該如何把這件事告訴他的朋友，因為我實在不確定他們會有什麼反應。所幸，過了大約半小時之後，他的一個朋友就打電話來，問我是否可以和他溝通，了解他希望他們怎麼做。於是，我趁機向他們轉述了他的想法。當天晚上，他們就拔掉了維生系統的插頭，不久之後他就死了。

這些年來我不斷和他溝通。他看起來似乎過得不錯，只是頭上有一圈「自殺光環」（suicide aura）。這是一股由未竟之事和悲哀的情緒所形成的能量，我在其他自殺者的靈魂身上也曾經看到過。有兩、三次，我問他是否後悔結束自己的性命。剛開始時他總是遲疑，但後來他說他並不後悔，因為那是他必須做的事情。

但不是每個人都像他這樣想得很清楚。我有一個客戶名叫凱西。她一直在憂鬱症、酗酒和毒癮之間掙扎著，雖然經過十幾次療癒，但仍然沒辦法解決。她曾經企圖自殺過兩、三次，但每次都及時被發現。最後她的家人把她送到一所機構去接受長期的治療。大家都希望她這次可以康復。她是個很善於說服、操控別人的人，因此當我聽說她在一個晴朗的星期六下午，成功說服療養院的一位實習醫生讓她出去外面散步時，並不感到驚訝。結果那次她就走到院舍的屋頂上，從那裡跳樓自殺了。她顯然已經下定決心要了結自己的生命。我猜這不僅是為了她自己，也是為了她的家人。

當我接到電話，聽說了她的死訊後，立刻試著和她的靈魂溝通，看看她現在過得如何。但她昏昏沉沉的，以至於我完全無法和她溝通，只知道她的情緒很惡劣。看到她並沒有獲得她原先所追求的平靜，讓我感到很難過。有幾次我試圖和她聯絡，看看她過得如何，但總是受到靜電干擾。這表示她希望擁有自己的空間，不想被別人打攪，於是我便不再吵她了。

自殺的靈魂最後悔的事

那些自殺者的靈魂告訴我他們最後悔的事情就是：他們自殺，是想獲得平靜，不再受到討債公司和貸款公司的騷擾，不再受疾病、憂鬱症、酒癮、藥癮和感情創傷的折磨，不再需要聽父母親的嘮叨，也不再會被人欺負，但他們沒想到的是：一旦自殺了，事情就沒有挽回的餘地了。他們到「那邊」之後，沒有人向他們討債，不用擔心自己的房子被法拍，他們心裡的創傷開始痊癒，那些欺負他們的人也不算什麼，於是他們就準備要回去。

這時，他們才意識到自己已經回不去了。死亡並不是讓你可以有兩個月的時間喘一口氣，暫時逃避生命中的麻煩事。我們無法讓生命暫停，等到風平浪靜之後再繼續。當自殺時，生命就從此完結，身體將不再存在。

幸好有許多自殺的人最後並沒有死。舉個例子，曾經有一個男人前來找我幫他做療癒。在那之前，他曾經自殺未遂。他很小心的把所有事情都安排好，要利用室友不在的幾個小時空檔服藥自殺。

他寫了一封遺書給家人，說很對不起他們，但他已經無法再忍受被憂鬱症折磨的日子了。他把所有的事情都安排好之後，服下大量藥物，躺了下來，等著在天堂門口見到聖彼得。然而，當他醒過來時，卻發現自己置身於急診室。原來當天他的室友忘了帶東西，所以又跑回去拿。

從這次自殺事件，我看出他太全神貫注於工作，忘記其他事情也很重要。為了餬口，他一天到晚都在工作，但還是無法出人頭地。他自殺，只是因為不想再過那樣的生活。當他意識到自己居然走到自殺這一步的時候，簡直嚇壞了。他說他要改變自己的生活形態。首先，他要減少工作的時間。其次，他要想盡辦法把自己的憂鬱症治好。他說這些年來他曾經做過一些治療，也斷斷續續服用過一些藥物，但都不持久。他要在這方面做個改變。

做了幾次療癒之後，他整個人慢慢改變了，變得越來越快樂。他調整了他人生的優先順序，開始發現各式各樣的可能性。他是一個好人，會為這世界做出很大的貢獻。所以，我真的很高興他的室友那天忘了帶東西！

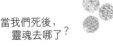

如果你為憂鬱症所苦，我要衷心的勸告你，不要為了終止痛苦而結束自己的生命。那種絕望的感覺是來自你的靈魂，而你來到今生很可能就是為了要得到療癒。請你和你的醫生談談，看看是否有一些比較好的藥物可以幫助你平衡體內分泌的化學物質。如果你已經在服藥，而這些藥物對你沒有什麼幫助，請務必要告訴你的醫生（醫生們不會讀心術，不可能知道你的情況，除非你告訴他們）。然後，請去找一個稱職的諮商師來幫助你。這位諮商師必須真正了解憂鬱症，不會任你反覆的述說那些老掉牙的故事。他必須要能碰觸到你痛苦的核心，幫助你療癒。

這個過程中，你可能需要多找幾位諮商師試試看。我之前的幾位諮商師只會讓我坐在那兒，不停告訴我我的生活有多悲慘，然後很高興的收下我的錢。後來，我找到了另外一位諮商師。她第一次看診時就告訴我，她不想靠我的憂鬱症來付房貸。她希望我能被治好，回去過正常的生活。她沒有興趣聽我一再述說那些陳年往事，而是想了解我對那些事情的感受。這時我才真正開始獲得療癒。她改變了我的憂鬱症迴圈，而她所做的那些努力都有了成果。

除此之外，我也建議你閱讀《我的療癒書》（*My Big Book of Healing*），這是我為了幫助人們克服各種挑戰（包括憂鬱症）而寫的一本書。閱讀這本書將會幫助你認清自己有哪些問題需要解決。

與自殺親友的靈魂溝通

如果你認識的人最近自殺了，請試著和他們的靈魂溝通，幫助他們獲得療癒。他們現在可能正處於困惑迷惘的狀態，你的引導可能會對他們很有助益。

在和他們接觸並連結時，可以遵循以下這幾個原則：

- 大聲唸出他們的名字，儘可能和他們搭上線。
- 請他們前往白光所在之處。告訴他們不要擔心，他們會在那裡得到他們所需要的幫助，不會受到審判。
- 讓他們知道你沒事（這會讓他們比較安心），而且你已經原諒他們了。你可能要過一段時間才能發自內心的說出這些話，但是當你已經真的原諒他們的時候，一定要告訴他們。
- 等到他們已經在「那邊」待了一段時間之後，你可以告訴他們你對他們的死有什麼感覺。不過，在剛開始的時候，你的重點是要使他們安心，讓他們知道只要走向白光，就可以回到溫暖的家了。

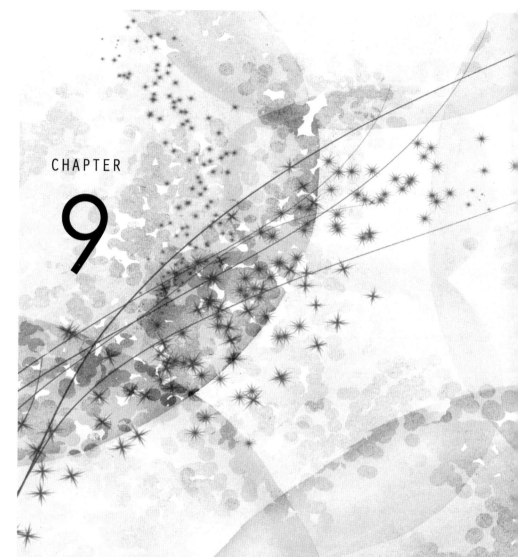

CHAPTER

9

靈魂的旅程：從死亡到葬禮，以及葬禮之後

從我們死亡那刻一直到葬禮舉行時，我們的靈魂到底在做什麼？這點因人而異，而且和我們對天堂、死亡的想法與期待有關。較老的靈魂通常會直接上天堂（因為他們已經有了許多這方面的經驗，知道這是怎麼一回事），然後再回來參加葬禮。年紀輕的靈魂則往往會逗留在人世，並且可能陷入憤怒、憎恨或悲傷的情緒，一直在原地打轉，等到一段時間之後才能夠前進。如果他們是被人殺死的，那麼他們也可能會留在人間，伺機復仇。有些靈魂是因為擔心家人（尤其是孩子）的狀況或自己的身體而不願離去。有些靈魂則是因為對自己的死亡感到困惑，才留在這裡。下面有幾個例子。

靈魂會參加自己的葬禮

最近我一位好朋友的姊姊突然去世。她才四十六歲，有一天躺下來睡午覺之後，就再也沒有醒過來。那位朋友聯絡我後，我就立刻和他姊姊的靈魂聯繫，結果發現她處於一種非常脆弱的狀態，不清楚自己究竟發生了什麼事。她想知道自己為什麼會死，是不是因為她做錯了什麼事，所以受到懲罰？她的指導靈請我讓她的弟弟和她說話，讓她明白並沒有做錯事，只不過在人世的期限已經到了。同時，指導靈也請他鼓勵姊姊朝著白光前進。

由於我的朋友非常關心他姊姊的情況，因此接下來那五天，我每天都會察看她的靈魂。我發現她後來的情況就像是毛毛蟲變成蝴蝶一樣。其中很重要的一個原因是：這一邊沒有人哀求她回來和他們在一起，因為這樣會拖住她的能量。此外，那些指導靈也堅決要求她的家人至少等到五天之後再幫她舉行葬禮，讓她能夠休息，以便有足夠的力氣參加自己的葬禮，而她的家人也照辦了。

我之前已經說過，身體死亡後的那兩天，我可以很清楚的看到死者的靈魂。但通常到了第三天，那道隔開生死的罩紗就閉攏了，以便讓靈魂可以在「那邊」進行調養，因此我們這邊的人自然就看不到靈魂了。通常要等到葬禮舉行時，我才能再度看到這些靈魂。

麥可．傑克森（Michael Jackson）去世的那一天，我和他的靈魂聯絡，結果出乎意料的發現他很清醒，而且對自己已經死去這件事似乎一點兒也不驚訝。他覺得事情本來就該如此。我很訝異他如此坦然接受自己的死亡，因為在我的心目中他還很年輕，在人世還有很多事物（包括他的孩子、家人以及他的創作才華等等）等待他去體驗，但他的靈魂卻顯得如此平靜，一副已經得到解脫的樣子。儘管我並不希望他就這樣死去，但還是替他感到高興，因為我發現他的靈魂非常進化了，而且人世的生活對他而言是一場磨難。他很慶幸他的生命已經結束，因為除了他的家人之外，很少人真正了解他。

兩天後，我再度察看麥可．傑克森的靈魂，看看他過得如何。令我高興的是，我看到他正和「貓王」艾維斯．普里斯萊（Elvis Presley）一起坐在一塊大石頭上，前面有一條湍急的小溪，後面是一片蒼翠的綠地，氣氛幽靜、安詳且充滿能量。他們交談的模樣像是兩個相識已久的靈魂伴侶，來到人世執行相似的任務，因此兩人很有得聊。後來，當我再度試著和傑克森的靈魂溝通的時候，發現那道罩紗已經合攏，但他散放出一種非常平靜的能量。感覺上「那邊」似乎也有很多靈魂想看他，但他被隔離了起來，並未受到干擾。

後來，他參加了自己的葬禮。看到這麼多人前來為他送行，他不勝感激，也非常謙卑。他之前因為遭到不實的指控而受傷的心，也因著這場葬禮以及人們對他的重視而得到療癒。他很欣慰他的孩子能由他的母親撫養，也相信他們今後將能夠像一般的小孩那樣上學、交友、和家人相處，不會像他小時候那樣生活在壓力之下。他覺得他的母親會善待他們，也認為孩子跟她一起將更能過著正常的生活。

好幾年前，我曾經和法拉．佛西（Farrah Fawcett）一起上過電視。當我聽到她過世的消息（她和麥可．傑克森同一天去世）後，曾經和她的靈魂溝通，了解她的狀況，結果發現她的母親和娘家所有的親戚都陪伴著她。他們圍繞在她身邊，將她還在沉睡中的靈魂帶到「那邊」，甚至在她的葬禮舉行之前的那一整個星期都陪著她，替她隔絕陽世的人在無意間傳送給她的悲傷能量。

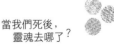

死後選擇留在人間的靈魂

兩、三年前，我受到一家葬儀社的委託，遇到了幾個流連不去的靈魂。當時，那家葬儀社的主管宣稱他聽見地下室的一個房間裡傳來奇怪的聲音（有人敲牆壁、有東西掉落、還有人在使用工具的聲音），因此希望我能前往調查。我到了那兒後，感覺不止一個靈魂逗留在那裡，於是我便告訴那位葬儀社的主管，希望能巡視整棟建築物。

我走過一樓的房間時，遇到了一名男子的靈魂。他的葬禮已經在那天上午舉行完畢。只見他坐在之前放置他的棺木的地方，神情非常哀戚。我問他為什麼會在那裡，他說他只是想「待在這兒，直到下午兩點的儀式結束為止」，之後他就會前往白光所在之處。我問葬儀社的主管，他們下午兩點是不是要幫他舉行什麼儀式。他說那人的遺體預定在中午火化。話才剛說完，電話鈴就響了，是火葬場的人打來的。他們說要等到下午兩點才能處理那個人的遺體。我對那個靈魂表示我為他目前的境況感到難過，也告訴他到了「那邊」之後他就可以安息了，不過我也明白他失去自己的身體，自然會感到悲傷。說完後我就和他道別，走下樓梯。

經過地下室的大廳時，我看到入殮房裡，有一個女人的靈魂正坐在一具遺體的旁邊，靠近頭部的地方。我問她在那裡做什麼，她說她想看看禮儀師有沒有把她的髮型做好，而且她現在不想和她的家人在一起，因為他們正在吵架。

我告訴葬儀社主管有關這個女人的事。他咯咯笑了好一會兒。他說他和這個女人已經認識了大半輩子，知道她確實很在乎她的髮型，而且她的家人也確實正在吵架，所以他可以理解她為什麼不想跟他們在一起。不過，那些奇怪的聲音並不是從那間入殮房裡傳出來的，所以我繼續前往其他的地方察看。

在葬儀社的維修室裡，我看到了一個男人的靈魂。他告訴我他從前在這裡擔任工友，又說他成年後一直都在這裡上班，負責整棟建築物的維修工作。他說他知道有關白光的事，但他想留在這兒，繼續打理這個地方。這正是靈魂（或鬼魂）死後選擇留在人間，不願去到「那邊」的一個例子。後來，葬儀社的主管也證實那些奇怪的聲音是從工友室裡面傳出來的，而且是在這個男人死後不久才開始的。這位工友雖然堅稱他還沒準備要離去，但已經答應我們不再製造噪音。

生死齊聚一堂

人們經常問我：我們的靈魂是否會參加自己的葬禮？答案當然是肯定

的。除了極少數例外（這部分我將在這節末尾做說明），絕大多數的靈魂都會參加自己的葬禮。我甚至不記得我從前參加過的葬禮當中有哪一次沒有看到當事人的靈魂。我還曾經見過全家人陪著他們所愛的人從「那邊」過來參加葬禮，可以說是一場數代同堂、全員出動的家族活動。

最近我參加了我的朋友丹尼（就是那個曾經換肝，但在兩、三年後死於癌症的人）的守靈儀式。丹尼是個非常外向、喜歡交際的傢伙，生性幽默風趣，有一臉迷死人的笑容。無論一個房間的氣氛如何，只要有他在，一定滿室生輝。因此，當我抵達守靈儀式的現場，發現他並不在那兒的時候，委實有點驚訝。我甚至到處找他，看他有沒有在別間房間裡。因為像他這樣的人如果沒來參加自己的守靈儀式就太奇怪了。找了一會兒我就放棄了，開始跟幾個我們共同認識的朋友聊起之前丹尼拍攝的紀錄片。就在這時，我突然在腦海裡聽到他的聲音：「搞什麼嘛！」讓我忍不住笑了出來：他顯然在場。我環顧四周，發現他正站在棺木邊俯視自己的遺體。

我不知道葬儀社的人到底是怎麼處理他的遺體的，但他的樣子看起來真的很糟糕。他原本瘦削的臉頰變得腫腫的，眼睛和嘴巴都成了一條細縫，不忍卒睹。只見他的靈魂站在那兒，俯視自己，嘴裡咕噥著：「搞什麼嘛！」

我看著他走到在場的每一個人身邊，聽他們在說些什麼，同時也熱切的聆聽每一個剛抵達的人所說的話。這樣的場面讓他很激動，有時候甚至不得不走到房間外面去。

他的葬禮在第二天舉行，雖然我無法參加，但我那有通靈能力的弟弟麥可是扶靈人之一。他告訴我那是一場很棒的葬禮，融合了天主教與愛爾蘭人的傳統，而且丹尼全程參與。

在我所參加過的葬禮中，還有一場也很令人難忘。那就是我母親的男友傑瑞的葬禮。當儀式結束，我們開始享用午餐時，傑瑞站在我旁邊說道：「嘿，真不公平。這明明就是我的葬禮，可是我卻什麼東西都吃不到。」傑瑞最出名的兩項特質便是：他很愛吃，而且很有幽默感。那天他不斷嗅著所有的氣味，穿梭在桌子中間，聆聽朋友們訴說關於他的往事。看到他的朋友和家人共聚一堂，他高興極了，甚至不介意當天他們「租來」為他宣讀悼文的牧師，把他的生平事蹟完全搞錯了。

這場葬禮最特別的地方在於：傑瑞生前曾經要求他們在他的葬禮上播放〈當聖徒勇往直前〉（When the Saints Go Marching In）這首歌。當他們開始播放時，他的靈魂便帶著一臉燦爛的笑容開始在走道上跳舞。他生前很長一段時間身體一直不太好，因此看到他置身在所愛的人之中，恢復了健康，甚至沿著走道跳起舞來，真是令人欣慰。就一場葬禮而言，這也是一個很棒的結尾。

也有少數靈魂不參加自己的葬禮。主要的原因有兩個。首先，這對他們來說太傷感了。這些靈魂很難接受自己的死亡，因此本身就處於極度悲痛的情緒中。其次，他們太虛弱了，無法參加。這種狀況可能會發生在當事人死亡的過程拖得很長而且極力試圖延長生命的時候。此時靈魂的能量可能已經被肉體吸收殆盡，因此必須在「那邊」盡量的休息調養，重新恢復靈魂的能量。

「那邊」最大的好處之一就是氣氛很放鬆。如果靈魂沒參加自己的葬禮，事後只要願意的話，隨時可以回頭觀看葬禮的過程，就像看電影一樣。之後，當靈魂們進行今生回顧（life review）時，葬禮也是他們要回顧的部分。這時靈魂會坐下來，和長老們一起觀看自己的阿卡西祕錄，檢視他這一世的生命藍圖，評估他進步的程度：他原本希望能完成哪些事項？他是否真的去做了？靈魂成長了多少？他在世時是否曾經彌補他對別人所造成的傷害？他這一世又曾經透過哪些善事或壞事造了新的業力？

遠離舊居，向前看

我發現，靈魂在葬禮過後往往會立刻消失，幾個星期至幾個月之後才再度出現。有一天，我在院子裡邊割草邊想著這件事時，腦海中突然響起我的指導靈天使莉莉的聲音：「搬家之後，最好不要立刻回到原來住的地方。」接著我想起了一件往事：我十四歲時，我們家從一個住了很久的社區搬到一個新開發的郊區，我也因此離開了所有的朋友。

我不想搬家，但我的父母說這是千載難逢的機會，時間點也剛剛好。他們又說只要我們願意，隨時都可以回去探訪我們的老朋友。然而，在搬家之後，我發現父母顯然希望我們把心思花在新的社區上，和那裡的孩子交朋友。

當時我覺得這對我很不公平，因為我很想念從前的生活，也很想和我之前認識的朋友在一起，但我的父母一直敦促我們將心思放在新環境，試著交一些新朋友。過了一陣子之後，原來的社區感覺起來就變得很遙遠了。這時我才明白為什麼我們要努力認識新家和新朋友，因為這樣它們才有機會變得像老家那樣特別。這已經是五十年前的往事。如今我還是偶爾會抱著懷舊的心情回去拜訪那個老家。我在童年時期所住過的這兩個地方都留下了美好的回憶。這要感謝我的父母教導我們如何向前邁進。

我繼續割草時，腦海中突然靈光一閃，明白了長老們為何總是鼓勵靈魂要向前看，進入他們的新生活。因為靈魂必須要這樣才能成長。長老們並非故意不讓靈魂和在世的親友見面。事實上，靈魂比所愛的人早死，後者必須過著沒有他們的生活是有原因的。靈魂越早停止拜訪他們在世的家人並且向前邁進，他們成長的速度就會越快。

有許多人問我：在至親好友的葬禮過後為何感受不到他們的靈魂？現在我明白了，這是因為靈魂需要離開人世一段時間，然後再回來探訪親人。他們會因為失去這一世的生命以及他們所愛的人而哀傷，因此必須遠離舊居，才能逐漸從這樣的哀傷中走出來。等到他們已經在「那邊」待了一段時間，和這一世的生命已經沒有情感上的連結時，才會再度現身人間。

CHAPTER

10

有孩子過世時

10

我在靈媒的生涯中所學到的一件事就是：絕不要以為活著是一件理所當然的事。但很不幸的，人們往往都是這樣。成天忙忙碌碌，日復一日，以為生活永遠不會改變，以為在乎的人會永遠待在我們身邊，但這並非我們來到人世的目的。我們的靈魂之所以選擇來到今生，是為了獲得若干特定的經驗。當完成這些任務時，我們的靈魂就回家了。我們在人世停留的時間有限，同樣的，我們生命當中的那些人也不會永遠存在。

正面的影響

孩子過世時，總有人會說：「怎麼可以讓白髮人送黑髮人呢？」我聽到這樣的話時，總是無言以對。事實上，沒有任何一個小孩生下來就保證會長命百歲。是的，如果世間的父母都不需要看著自己的孩子死去，那該有多好，只可惜人世的生活並非如此。

我另闢一個章節，專門談論孩子的死亡，是為了兩個原因。首先，我想讓大家明白：當你生下一個孩子的時候，這個孩子是帶著他的生命藍圖來報到的。藍圖上面已經規劃了他想要、也需要體驗的各個事項。選擇你為父母，是為了能在這個家庭裡學習並獲得各種生命經驗，但這並不表示他們打算在這裡待很久。

我曾經聽到痛失子女的父母親說道：「她永遠沒有機會參加學校的舞會，也永遠沒有機會披上婚紗了。」但我可以向你們保證：如果這些經驗對於這孩子的靈魂來說是重要的，她一定會留下來體驗的。同樣的道理也適用於子女在戰爭中喪命。我們或許很難接受這個事實，但死於戰火之中乃是他們的計畫之一。他們想要體驗軍旅生活，盡量從中學習。之後他們的任務就結束了。

這些話聽起來或許冷漠無情，但這完全不是我的本意。我在聽到一個孩子過世的消息時，也必須時時提醒自己，這是孩子以及他們家人生命藍圖的規劃之一。最近我看到一則報導：一個十五歲的女孩和男友一起坐在公園裡等候巴士時，駕駛突然失控，車子開進公園撞死了她。之後那幾天，我一直想著那個可憐的家庭。這樣的悲劇居然會發生，真是一件很可怕的事情。

這個月在雙城區，有兩個三歲和五歲的小男孩分別在幫派事件中遇害。一個靈魂選擇如此短暫的一生，並死於這樣的暴力事件中，原因之一就是要喚醒社區人士，讓他們設法改變現狀。同樣的，去年夏天，也有三名孩童溺斃。這類的意外總是讓我思索：那些靈魂想要透過他們短暫的一生和死亡來達到什麼樣的目標，而我所得到的答案仍然是：有時一個靈魂會選擇以看似毫無意義的死亡方式，來對一個社區產生某種正面的影響。

愛的功課

我在第六章曾提到一個十二歲的少年死於滑雪意外，但我還沒有告訴你他死亡前的那一年發生的事。他過完十一歲生日後不久，他的母親——也就是我的朋友美樂蒂．畢提（Melody Beattie）——告訴我她很強烈的意識到，她應該多花點時間陪陪兒子。當時我們兩人都以為這是因為她過去時常出差。之後那一整年，她們母子過了一段美妙的時光。她雖然有工作在身，還是遵守她對自己的承諾，花許多時間陪她兒子做他想做的事情。當他快要過十二歲的生日時，他請求母親為他買一組非常特別的刀子。我還記得當時她說要給一個十二歲的小孩買一份這麼昂貴的禮物似乎太瘋狂了，但她的直覺卻告訴她應該這麼做。於是她就幫兒子買了那組刀子，他開心極了。

他過完生日三天後，他的姊姊帶他去滑雪，結果他就在山坡上喪生了。儘管這是一樁不可思議的悲劇，但終究還是帶來了一些好處，只是他的家人過了好一段時間才看清這個事實。美樂蒂是一個成功的作家，在經歷一年刻骨銘心的痛楚之後，她寫了《愛的功課》（*The Lessons of Love*）一書，幫助了數以百萬計失去子女的人。

男孩過世六年後，他的父親也因為酗酒與吸毒而喪生。我看得出來他是多麼期盼在「那邊」看到兒子。對於位在這邊的我們來說，這是非常令人難過的時刻，但對於「那邊」的人而言，這卻是一次歡喜的團圓。

我之所以撰寫這一章，還有一個理由就是要讓你們知道：有時我們所失去的孩子會再度前來投胎，和我們再續前緣。舉個例子，大約一年前，一對來自印度的夫婦寫電子郵件給我，告訴我他們之前一直想生小孩，但太太卻數度流產，之後好不容易懷了男嬰，卻在出生後不久就夭折了，令他們傷心欲絕。我讀信之後，便試著召喚那個嬰兒的靈魂，請他跟我說話。不到幾秒鐘，他的靈魂就來了。他告訴我，不久之後就會回到他的父母身邊。他說他之前所降生的那具身體有一些毛病（後來那對夫婦也證實了這點），而他想要一個比較健康強壯的身軀。談到這次的死亡經驗時，他顯得頗為平靜，因為他知道他遲早會回來的。結果一個月前，那對夫婦再次寫電子郵件給我，告訴我他們生下了一個非常健康的男嬰，我也很高興聽到他再度投胎了。

歡喜的結局

下面這則悲慘的故事同樣有一個歡喜的結局：幾年前我的一個朋友開車去托兒所接她四個月大的女兒。她一路跟在一輛救護車後面，並為車裡的人祈禱。當救護車開進托兒所的停車場時，她的心立刻為之一沉，開始替所裡的孩子們擔心，不知道是哪個小孩出了事。

不幸的是，出事的正是她的女兒。當時她已經死了，醫護人員也無法挽救。我接到電話後，立刻和那小女孩的靈魂溝通，看看究竟是怎麼回事。結果那小女孩堅定的告訴我，她出生得太早了，她想等一個更好的時機——也就是她的弟弟出生後——再回來。我問她那是多久以後的事，她說她不知道確切的時間，但那一年她的母親會懷孕並生下弟弟，過不久她就會回來。她說，讓父母經歷這樣的悲傷，她也很難過，但她不應該因為急著來到人間而跳過弟弟。她表示，她的母親會利用這次經驗所帶來的智慧幫助別人。後來事情果然也如她所言。我的這位朋友是當地電台的名人。那次事件後，她籌辦了許多活動，幫助那些失去孩子的母親。我一個同樣能夠通靈的老朋友從前常說：「把你的傷痕（scar）變成閃耀的勳章（star）。」這正是我這位朋友所做的事。

一年後，她生下了一名男嬰，再過兩年又生下了一對龍鳳胎。她說她第二個女兒的個性簡直和那位早夭的長女一模一樣。

如果你們曾經失去孩子，我可以向你們保證，孩子的靈魂已經被溫柔的帶回了天家，並且正受到悉心的呵護，因為「那邊」有無數很棒的照顧者和天使。祂們很願意照顧那些需要呵護的靈魂。如果有任何人告訴你你的孩子會死是因為上帝想和他在一起，請你明白那是因為他們不知道該說些什麼才會講這種蠢話。上帝絕不會如此自私，只為了想和你的孩子在一起，就把他從你的身邊搶走。事情不是這樣子的。我們每一個人都會死。我們應該請求上帝（而不是責備祂），幫助我們療癒傷痛。

CHAPTER

11

白光、隧道和天堂

11

有關瀕死經驗的書籍已經夠多了。大多數有過這類經驗的人，都形容他們通過白光的隧道之後便進入天堂。但儘管他們異口同聲的說出這個事實，懷疑人士還是發明了各種說法解釋這個現象，否認天堂的存在。

但我可以向各位保證，所謂的隧道、白光和我們稱為「天堂」的地方，確實是存在的。我的指導靈天使莉莉說，我們應該把白光看成天堂大門前的白色光束。我認為這個說法很酷！我溝通過的每一個靈魂都說他們看到白光。那些留在人間的靈魂也是如此，只不過他們沒有朝著白光走去罷了。講到「隧道」，我想起早年在機場的情景。當時，我們一抵達機場，就會看到至親好友站在機場的大門口等候，帶著鮮花氣球迎接我們回家。這也是我們在隧道裡會看到的情景——許多家人和朋友正等著歡迎往生者的靈魂回家。

當年小約翰．甘迺迪飛機墜毀的消息傳來時，大家都不清楚他和其妻凱若琳以及友人是否已經喪生，我試著和他的靈魂溝通，看看他們的情況如何。我看到他走進隧道裡，受到他的父母的歡迎。那真是一幅美好的景象。之後我又和凱若琳溝通，看到她走在後面，試著讓她的母親明白她雖然已經死了，但情況還不錯。當晚將近午夜時分，我就看到她走進了隧道，回到老家，回到約翰所在的地方。

二〇一一年時，有一本名為《去過天堂九十分鐘》（*90 Minutes in Heaven*）登上《紐約時報》的暢銷書排行榜。作者是唐．派普（Don Piper）牧師。有一天，我在一家雜貨店看到了這本書，就把它買了下來，在某一晚讀完了。這是一本很有意思的書，但讓我不安的是：作者並沒有說到他去的那個地方只是天堂裡的許多社區之一（我熟悉的天堂是有許多個社區的）。相反的，這本書給人家的印象就是：他去的那個地方代表天堂的**全部**。

在他所去的那個社區裡面，大家都相信人必須接受耶穌基督做他的救世主，才可以進入天堂。當他提到那裡的人們成天都在唱詩歌讚美主的時候，我簡直渾身都不舒服。我知道有些宗教確實認為上帝是那種會要求我們成天不停讚美祂的自大狂，但對於這種說法，我只能說：「你在開什麼玩笑？」

我在天堂的經驗

以下文章是從我的著作《靈魂的回音》中有關天堂那一章中摘錄的。其中描述了我之前的一次絕妙經驗，或許能夠解答你們的許多疑問。

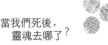

禱告成真

那是一九九二年初春的事。漫長的冬天已經過去，明尼蘇達州的陽光豔麗、鳥語啁啾，大地復甦。那一天是基督苦難主日（Palm Sunday）。我正猶豫自己該去教堂還是做自己想做的事：打理我的花園，準備栽種花木。我覺得我應該到教堂去，但另一方面又覺得自己需要靜下心來，和上帝談一談。後來我決定不去教會，因為我想在戶外度過這個非常特別的一天。

我和弟弟麥可前一晚才去幫人家驅鬼，我上床時心裡一直想著有關「那邊」的事。那個星期天的早上，我醒過來時，這件事仍然縈繞在心頭。我在花園裡工作時，心裡一直想著這些年來我所獲得的有關天堂的知識。我在當靈媒時，已經學到了不少這方面的知識，在和亡者的靈魂溝通時也獲得片片斷斷的訊息，但我卻不曾有過切身的體驗。我從事驅鬼工作已經有二十年了。這段期間我一直相信我把那些鬼魂送到了天堂，而那是一個很美好的地方。但是那一天不知道為什麼，我突然很想要更具體的了解這個地方。

我一邊在花園裡工作，一邊問上帝是否可以讓我獲得更多有關「那邊」的知識。我對祂說：既然我從事的是有關死亡和「死後的生命」的工作，我想提供人們更多有關天堂的訊息，讓他們知道死後會去一個什麼樣的地方。我告訴上帝：這樣的要求僅此一次，下不為例，而且無論我獲得的是什麼樣的知識，我都會敞開心胸接受。我很好奇上帝會用什麼方式提供這些訊息，不過我決定順其自然，靜觀其變。

三天後，我完全忘了自己在基督苦難主日所做的禱告了，但就在這個時候，發生了一件事，成了我在靈媒生涯中最難忘的一次經驗。那天是星期三，我為好友尼爾做完一個療程後，目送他離開我的辦公室，從地下室走上樓梯。這時，我的辦公室裡突然開始瀰漫著朦朦朧朧的白色能量，我也感覺自己怪怪的，好像即將昏倒一樣。我當時是清醒的，但感覺上身體卻睡著了。之後我就有了一次靈魂出體的經驗，只是當時我自己並沒有意識到這點。

靈魂出體

我看到一個女人站在我前面。她是個靈魂，我看不見她的臉，只看見她的後腦勺以及一頭金色的長髮。她對我說：「走吧！走吧！」我感到很害怕，於是便問尼爾（他當時還在樓梯上）是否可以幫我。我告訴他眼前發生了一件很奇怪的事，有一個臨在（presence）一直叫我跟她走。

這時，我的感官完全無法運作。我一方面知道自己正在辦公室裡，但另一方面又覺得自己好像置身於另外一個空間。尼爾抓住我的身體，一直搖晃，希望能讓我脫離那樣的情況。之後，那個景象確實消失了，但十五秒鐘之後，它又再度重現。那金髮的靈性存有（spirit）又在那兒催著我跟她一起走。這種感覺我很熟悉。我告訴尼爾我好像快要死了。當時，房裡仍舊瀰漫著白色的霧氣，我的身體也變得虛弱無比，我只想躺下來，不再抗拒。

後來，我看到正前方有一條隧道。它一如我在歷次為人驅鬼時所看到的，也就是我把那些幽魂送進去，讓他們能夠進入白光之中的那條隧道，那條連接我們這邊和「那邊」的隧道。

我的一位指導靈叫我請尼爾打電話給我弟弟麥可，請他盡快趕過來，然後再把我弄到樓上的客廳去。尼爾打電話給麥可之後，就把我拖上樓。這時我已經幾乎說不出話來，兩隻腳也軟綿綿的，沒有一點力氣。尼爾不停叫我回到我的身體裡面，但那位金髮靈性存有卻一直要我跟她走。等到尼爾把我拖上台階，到了沙發之後，我就砰一聲倒在上面，覺得自己已經身不由己了。

等待麥可抵達的那段期間，一分鐘感覺就像一小時那麼漫長。後來麥可終於到了。他很清楚發生了什麼事，因為他在開車過來的路上已經和他的指導靈談過了。祂們告訴他三天前我曾經請上帝讓我到「那邊」去，現在已經獲准前往，而且事後將會記得這次經驗。

他說：「艾珂，祂們要我在妳的靈魂去到『那邊』蒐集訊息的時候握住妳的手，讓妳的身體和大地接觸。」這時我才意識到自己正在經歷靈魂出體的過程，而那位金髮的靈性存有就是我的靈魂。她一直試著讓我拋開自己的身體，前往「那邊」。由於之前我並未向任何人（包括我弟弟）透露我在那個星期天做的祈禱，他說的那些話和當時發生的事都讓我感到非常驚訝。

麥可握住我的手，告訴我一切都沒問題，說我應該過去，他會在這裡保護我的身體。有了他的保證之後，我便完全離開我的身體，接著我的心智便和那位金髮靈性存有（我的靈魂）融合在一起，開始沿著隧道飄浮。到了隧道深處時，我感覺一股慈愛、溫暖的氛圍環繞著我，而且一直有一個微弱的聲音在說：「放開吧！放開吧！」

隧道裡有許多靈魂正在等著歡迎即將死去的親人。我的四周都是至親好友重逢的景象。接著，我看到前面隧道的盡頭有明亮的光，於是便開始往上飄，越飄越高。當飄到白光所在之處時，我心想那光實在太亮了，應該閉上眼睛才對，否則可能會瞎掉。但我卻張開眼睛，直接飄了進去。

到了「那邊」之後，感覺平靜而清醒。我看到一座古雅的小村莊，街道上鋪著鵝卵石。我的祖母正和一個朋友站在那兒。她把我介紹給那位朋友，只見後者說道：「喔，妳沒告訴我她今天會死呀！」我的祖母答道：「喔，她沒死，只是來參觀罷了。」我仔細端詳祖母的臉。她看起來是如此的美麗，臉上沒有一絲皺紋，一副無憂無慮、純然喜樂的模樣，渾身散發著年輕的光彩與安詳的氣息。我環顧四周，看到好幾個之前已經過世的老朋友。他們並未過來找我，只是對我笑了笑，彷彿知道我不能浪費任何時間似的。他們的神情全都顯得朝氣蓬勃、平靜安詳。

天使嚮導

突然間，一位天使出現了。祂的模樣秀美，有一頭輕盈蓬鬆、長度及肩的淡紅色卷髮，身上穿著一襲飄飄然的長袍，還有一對翅膀。祂告訴我祂將是我在此地的嚮導，希望能讓我在有限的時間內儘可能多看一點。

祂帶我去的第一個地方叫做「粉紅之地」。這整個社區外圍都有一圈粉紅色的光暈，看起來很美麗。社區裡面有一所醫院，座落在我們前方，雖然和我們有一段距離，但我還是可以看到裡面的景象。它不像人間的醫院有許多醫療儀器和醫護人員，比較像是一個讓人休憩的場所。裡面雖然也有看護，但不見得是醫生或護士，而是一些很有愛心、想要讓別人得著安慰的靈魂。

醫院裡的靈魂當中，有一些正處於調整期。他們要開始學習過著沒有肉體的生活。許多人在死亡的過程中被投予大量的藥物，以至於他們的靈魂受到了藥物的影響。這些靈魂此刻正在這裡休養生息、接受療癒並進行若干調整。有些靈魂難以接受自己的死亡，因此看護正在設法幫助，讓他們能夠接受自己的轉變。有些靈魂生前有肢體障礙，他們也需要幫助才能適應身體沒有殘缺的生活。至於自殺的靈魂則全都住在醫院的二樓。其中有些正在沉睡，有些則正設法克服因為自殺而導致的挫折感，也有許多靈魂因為自殺時服用了太多藥物和酒精，仍然尚未清醒。

這所醫院還有很多樓層，但我沒有時間逐一細看，必須繼續向前。我看到許多靈魂閉著眼睛躺在醫院外面的草地上。天使說這「粉紅之地」是一個供人療癒的場所，而那些靈魂則是靠著環繞在社區四周的粉紅色能量來恢復他們的健康。

後來，我們沿著一條道路往下飄，沿路山陵起伏、花草競豔、綠意盎然，還有溪流、湖泊和河流。那裡的花朵不僅顏色鮮豔而且氣味芬芳。不久，我們飄過了一座山丘，進入了一座山谷，看到一座白色與金色相間的巨大競技場，那裡有著巨大的柱子和門窗，還有天使出入。我的嚮導告訴我，這就是那些下凡人間、幫助世人的天使所居住的地方。

大約在這個時候，我隱隱約約聽見我弟弟的聲音。他要我「去尋找音樂」。這時我才意識到我的四面八方都有樂聲傳來。我看了看我的天使嚮導。祂示意我跟著祂走。我們飄到了一片草地上。那裡聚集著許多歌手和音樂家。我看到了納京高（Nat King Cole），接著又看到許多在人世間出名的樂手。其中有些人在譜曲，有些人在唱歌，有好幾種音樂同時在演奏（這實在不太容易描述），就像是一座巨大的廣播電台，你只要調到你想聽的那個頻率就行了。

接下來，我們所造訪的那個城市，對我而言意義特別重大。而天使把我帶到那兒，或許是因為從我小時候開始，耶穌就一直是我生命中的核心人物，當然也可能是因為當時人間正在慶祝復活節。無論如何，我們來到了一個很美麗的地方。那裡風景如畫，放眼望去盡是藍天綠地。成千上萬個靈魂在那裡走來走去，因著某件事情而非常興奮。感覺上，那裡彷彿正在舉行一場慶祝活動，人們的情緒顯得非常激動，有些人在歡呼，有些人在哭泣，還有些人則站在那兒，完全被人群中央那位正在演說或授課的男子迷住了。我看著天使，用眼神問祂這男人是誰。天使說祂就是耶穌。我心想不知道我來這兒合不合適。天使看透了我的心思，告訴我沒有關係，又說祂知道耶穌對我的意義，因此希望我來體驗一下這座耶穌城。

我看著耶穌傳福音的模樣，心中充滿喜悅與敬畏。對我而言，祂是如此的尊貴。祂周圍有一圈金色的光暈，散發出智慧與知識。祂一頭及肩的黑髮，蓄著鬍鬚，面容黝黑、五官分明，還有一雙我見過最熱切的眼睛。但最令我著迷的是祂那雙手。它們強壯有力，歷盡幾千年的風霜，充滿了智慧，深知人間疾苦，也療癒過無數人的苦痛。

此刻，祂正勸勉聚集在那裡的眾多靈魂要彼此相愛。祂傳揚的是愛的訊息，而愛正是祂的本質。祂看起來是如此的溫柔，既充滿力量，卻又無比謙卑，讓我想要儘可能的親近祂。當下我感覺自己好像真的回到家了，不想離開這座莊嚴美麗的城市。我環顧四周，覺得到處充滿了希望，彷彿可以從中找到人生的答案。

就在這時，我聽到有人一遍又一遍的喊著我的名字：「艾珂！艾珂！」是我弟弟麥可的聲音。他正在催我回到我的身體裡，因為這樣的經驗對肉體而言是非常辛苦的。然而，我並不想離去。後來，麥可要我尋找上帝，這時我才意識到上帝就在我的四周。祂無所不在。你只要想到「上帝」這個字眼，祂就會出現。祂是一種臨在，或是一種認知。這樣的概念很難描述，就像是你原本就站在一個更衣間裡，等到有人叫你去尋找這個更衣間時，你才發現你已經置身於更衣間的中央，但卻不知道如何描述。你整個人被它環繞起來，它存在於你的四周、你的呼吸以及你的思想和感覺之中。你是那更衣間的一部分，但你也隨時可以走出那個更衣間，再次與它分離。這樣的感覺，真的很難用語言文字來形容。

天堂社區

我問我的天使嚮導：在我回到我的身體之前，祂對我還有什麼教導？祂告訴我，天堂裡面有各種社區，每一個社區都反映出一個不同的實相（reality）。我們會去到天堂裡的哪一個地方，完全取決於我們在世時對現實的信念以及我們的意識。舉例來說，如果你在世時是一個勤勞的德國人，也是虔誠的天主教教徒，那麼你到了天堂之後，就會住在一個和你具有同樣信念的社區。祂並且帶我去看一個住著乞丐和小偷的社區。祂說，這就是他們的實相。他們成天彼此偷竊或行乞，最後必然會厭倦這種生活方式，然後他們就會開始詢問其他社區的人是否有更好的生活方式。所有的靈魂都會不停往不同的實相移動，持續尋找更好的生活方式。人們在天堂時也必須像在人間一般，讓自己的信念不斷進化。每一個靈魂都必須持續的學習與成長，直到他們明白自己和上帝是一體的。

我的天使嚮導還告訴我：天堂裡的每一個社區都有一間教室，還有一個講師負責教授那個社區群體的實相。當靈魂進化時，有些社區便沒有存在的必要了，這時它們便會消失。

我說天堂裡有這麼多不同實相的社區，聽起來似乎很複雜。祂說這其實沒有人間的情況那麼複雜，因為在天堂裡，每個人都很清楚彼此的實相。如果你住的社區和別人不一樣，那麼你的信念體系就和他們不同。事情就是這麼簡單。相形之下，人間的情況反而比較複雜，因為我們以為大家都相信同樣的實相，但事實並非如此。世上之所以會有這麼多問題產生，就是因為我們都不太能尊重彼此的信念。我們不願意承認每個人都有一個不同的實相，只希望大家的想法和做事方式都跟我們一樣。

我因為本身是個影迷，便問了我的天使嚮導有關電影明星的事情。她說他們也有屬於他們的社區。如果他們選擇要繼續當明星，就可以住在那兒，但如果他們想要轉型，不想再當明星，便會住進一個比較能夠反映他們的特性和實相的社區。之前我在為某人通靈時，曾經看到約翰·甘迺迪。我問他還要當約翰·甘迺迪當多久。他說只要還有人想會見他，他就會繼續待在「那邊」，不會轉世。甘迺迪說，人們到了天堂，見到了親友之後，他是最先要求會面的人之一，還讓我看到了他怡然自得的和許多人握手、打招呼的畫面。

天使說完後，我再度聽到我弟弟以嚴厲的語氣喚我回去，因為我的身體狀況已經很差了，不僅呼吸困難，能量也很弱。看來我是非走不可了，於是我便立刻掉頭飄回白光所在之處。這時我看到右邊有一座寬闊的階梯。我問天使這座階梯通往何處。祂說天堂有好幾層，住在最高層的是那些具有共同的實相、知道自己和上帝一體、而且彼此能和諧相處。

最後，我又問了天使一個問題：我剛來的時候看到的那座有鵝卵石街道的村莊是否就是天堂的入口？祂說，那只是其中之一。天堂裡還有許多這樣的地方。有些靈魂會直接進入醫院，有些靈魂則會到入口處。至於他們會到達哪一個入口，要看他們的意識而定。天使說祂很希望能夠教我更多東西，讓我參觀更多地方，但我的身體已經很難受了，非回去不可。祂一說完，我的靈魂就立刻回到了身體裡面。

這一趟出體的意識之旅程（conscious journey）消耗了我靈魂所有能量。在靈魂離開期間，我的身體陷入了極其難受的狀態，變得像個布娃娃一般，軟綿綿的、了無生氣。靈魂回來後，我有至少二十分鐘的時間說不出話來，感覺舌頭很遲鈍，眼睛不太能睜開，對光線非常敏感，行動也很吃力，至少一個小時之後才恢復正常。等到我有力氣上床時，我便撲通一聲倒在床上，連續睡了十二個小時。

看到這裡，你應該約略了解「那邊」的狀況。

等待轉世的期間

長老們建議每個靈魂在轉世之前，至少在「那邊」待六十年，療癒靈魂從前世帶來的問題，以免將這些問題帶到來生。療癒過程可能要好一段時間，但其長短得看每個靈魂的意願而定。有些靈魂選擇在尚未完全療癒之前，很快投胎轉世。這意味將會把所有的問題都帶到來生。此外，太快轉世的靈魂往往會搞不太清楚自己是誰、身在哪一世、出生於什麼樣的家庭等等。六十年聽起來或許是很長的一段時間，但對於「那邊」的靈魂來說，感覺卻像是一瞬間，這會人間俗事，也就是說：他可能不會回應你的召喚了。

☆

我寫這本書的目的之一就是要強調：當我們還活著的時候，要重視自己在靈性上的成長以及我們和上帝的關係。如果我們今生能明白我們和上帝是一體的，我們回家的時候自然就能明白這樣的境界。正如一個很有智慧的女性亡靈告訴我的：「當一切塵埃落定之後，僅存的就只有上帝。」

CHAPTER

12

死後的溝通

些關於那人的訊息，因為我們的腦海中往往又會浮現其他的念頭（我們一天中可能會有成千上萬個念頭浮現）。

我們突然想到某人時，這個念頭可能是源自那個人，也有可能是我們自己引發的。要區分這兩者很簡單。我的意思是：如果你在廣播中聽到一首歌就想起了某個人，或者因為看到一個長得跟他很像的人，或其他外在因素而想到他，那麼無論他身在多遙遠的地方，他這時剛好都會想到你。在這種情況下，這個念頭就是由你引發的。相反的，如果你似乎無緣無故（沒有任何外在的因素）就想到某人，那麼這個念頭就是來自對方。是他們先想到你，然後你才接收到他們的意念。

我時常告訴那些參加我發展靈通力工作坊的學生，他們可以試著去注意自己今天想到了哪些人，再設法去了解那些人是否也想到他們。如果你在午休時間想到了一個朋友或親愛的人，當晚就打電話給他們，問他們當時是不是也有想到你。等你發現自己的念力居然如此強大的時候，會覺得很有意思。

從這裡，我們要談到死後溝通非常重要的一點。你死了之後，那些在世的至親好友會非常悲傷。剛開始時，你可能會時常去探視他們，想讓他們知道你沒事，你很好，而且確實還「活著」。問題是：他們想再度聽到你的聲音，但卻聽不見，因為你是透過心電感應和他們溝通。如果他們不習慣這種溝通方式，很可能無法察覺你正在嘗試和他們溝通，並且會以為你已經忘記他們了。這種說法聽起來或許有點好笑，但如果你趁現在還活著的時候，就開始練習傳送你的意念，等你死了以後，就能夠更有效的和活人溝通。想一想你死後有可能會想和哪些人溝通，你就可以拿這些人來做為練習的對象。你不必告訴他們，你為什麼想要學習如何有效傳送自己的意念並接收別人的意念，除非他們對這些事情有一定程度的了解。

約翰．艾德華（John Edward）和詹姆斯．范普拉（James Van Praagh）兩位通靈人在舉辦活動時，往往會從現場的觀眾當中挑選幾位自願者，幫他們通靈。當有人問他們用什麼方式挑選通靈的對象時，他們總是回答說，聲音最大的那個靈魂就能吸引他們的注意力。這個意思就是：那個靈魂已經學會讓自己的意念變得非常強大而響亮，以便被人間的靈媒所聽見。那麼我們如何讓自己的意念變得強大而響亮呢？當然是透過練習囉！

我父親住在舊金山，而我住在明尼亞波利市時，我們每個星期四都會做心電感應的練習。我們會先約好在一天當中的幾個時間（早上十點、下午兩點、六點和晚上十點）把自己的意念傳送給對方，然後注意自己接收到哪些訊息。我們會把腦海裡想到的東西都寫下來，第二天再彼此核對。這樣的練習很好玩，而且也讓彼此之後更能夠傳送接收訊息。

和已故的親友聯絡

如果你想和某個已故的親友溝通，你應該大聲說出他們的名字，吸引他們的注意力。他們在天堂裡並不是整天無所事事的坐在那兒聽我們的每個意念，或等著我們去想到他們。事實上，他們有時候不會回應，是因為他們在天堂裡也有自己的生活。這和許多人想的並不一樣。

最近，我在我的進階靈通力工作坊中講到這個主題時，把我父親的名字給學生，讓他們練習和已經過世的人溝通。他們當中有許多人告訴我，我父親覺得很煩，因為有太多人召喚他、想和他說話。由於我父親是一個很外向、喜歡交際的人，我事先並沒想到這樣的練習會讓他覺得煩。但想一想，這也難怪，因為他在「那邊」也有事要做，當然不會喜歡被二十個想和他溝通的學生一直打攪。

我最近發現了一件很酷的事，這是我以前沒想到過的。我在為人通靈時，看過許多人緊抓著過世的親友不放，要後者來探視他們、為他們做決定，或安慰他們等等。我知道這對往生者來說是很辛苦的一件事，因此當我聽到我的指導靈天使莉莉說，我們可以留言給那些已經過世的親人時，感覺非常開心。事實上，莉莉一說完，我眼前立刻浮現「那邊」的人正在為靈魂記錄親人留言的景象，也看到那些往生者的靈魂每天收到這些留言的情景。如果你想留言給某人，只要大聲說出你的名字、對方的名字，以及你想要傳達的訊息就可以了。比方說：「我是艾珂．波亭。請留言給我的母親梅．波亭，告訴她我愛她。」你不一定能聽到他們的回應，但他們會知道你正在想念他們，同時他們的臉上會露出微笑。如果他們回應了，你將會聽到腦海裡有一個很單純的念頭，例如「我也愛你」或者「謝謝你」。

如果你試著和已故的親人聯繫，卻覺得自己沒有得到任何回應，我希望你能明白對那些已經過世的人而言，要和我們溝通並不是容易的事。對他們來說，和受過訓練的通靈人溝通會比較容易，因為這些通靈人已經學會將能量提升到幾乎和那些往生者靈魂一樣的層次。

除此之外，在親友過世之後的最初幾個月，你必須記住他們已經逐漸習慣「新社區」了，因此不一定能夠隨時應你的要求回到「舊社區」。如果你無法親自和他們聯絡（就像我之前說的，這並不是一件容易的事，因此請你不要氣餒。）你可以到我的網站（www.echobodine.com/referrals）找一位信用良好又值得信任的通靈人。

說到這兒，我不禁想起那位主持深夜節目的諧星柯瑞格·佛格森（Craig Ferguson）所說過的一句話。他說他的父親過世後，有許多靈媒和他聯絡，宣稱他們可以替他和他的父親溝通，但柯瑞格說：「如果真的這樣，那倒是挺稀奇的，因為他活著的時候我可從來沒法跟他溝通呀！」

已過世的親友如何顯靈？

在沒有靈媒的情況下，已過世的人如果要和我們說話，最容易的方式便是透過夢境向我們顯靈，然後我們的心智就會一點一滴的想起這些夢中相遇的情節。如果你早上醒來時，覺得昨夜的夢境栩栩如生，過了好幾個小時仍無法忘懷，這就表示有過世的親友來向你顯靈了。

靈魂要吸引我們的注意力，還有另一個很簡單的方式，那便是透過氣味。只要他們想著某種氣味，我們便會感覺自己好像聞到了那種味道。你是否曾經有過這樣的經驗：有一瞬間，你覺得房間裡似乎瀰漫著祖母的香水味，然後你就想到了她？其實這是她的傑作。如果你所愛的那個人是個老菸槍，那麼你聞到的可能就是菸味。我有一個巴西朋友，名叫阿爾博托・阿古阿斯（Alberto Aguas）。他也是一位療癒師，死於一九九二年。他生前喜歡在身上灑一種很香的法國古龍水。這種古龍水我從來不曾在美國地區聞到過。但每次他顯靈的時候都會發出那種香味，讓我們很明確的知道他來了。每次他這麼做，我總是很開心！

除此之外，如果你那位已經往生的親友擅長能量運作（「那邊」有很好的老師會教導靈魂這方面的技巧），他們或許會移動某些東西來吸引你的注意力。

如果你認為有某個已故的至親好友正試圖跟你聯絡，請你務必要請對方提供一些清楚具體的資訊，證明他確實就是那個人。這是因為有些滯留人間、不懷好意的靈魂喜歡作弄那些剛剛痛失至親好友的人。因此，你要問他一些只有你們兩個知道的事，以證明他的身分。當你死後，想要在「那邊」和你所愛的人聯絡時，也要向他們提供這類的證明。

死後性格不會改變

許多人以為一個人死了之後，就會變得像天使一樣，個性上的種種瑕疵都會消失。但很不幸的，當你和那些已經過世的親友溝通時，很快就會發現這並非事實。儘管我們在脫離世俗的身軀之後，若干觀點可能會有所改變，但就像在人間的時候一樣，如果不想改變自己的觀點，我們也不一定要改變。

我曾經有過一次很有趣的通靈經驗，讓我大開眼界。當時有一個女人和她的婆婆一起前來，要和她那位已經過世兩、三年的丈夫溝通。通常在這種情況下，當事人久別重逢都很開心，在場的人也皆大歡喜。但在這個案例中卻並非如此。當我喊著那個年輕人的名字時，只聽到一個男人用不耐煩的口氣說道：「這兩個人到底想幹什麼呀！」接著他又嘀咕：「我活著的時候，她們老煩我，現在我死了，還不肯放過我。」我聽了以後委實有點吃驚。

我不知道該對那兩個女人說什麼，因為不想傷害她們的感情，於是我坐在那兒等著，看看他會不會說一些比較好聽的話。最後，那位妻子終於忍不住問我他是不是在「不爽」。我不好意思的回答：「有點。」她問我他是否因為她們來探詢他的狀況而感到厭煩，這時我又聽到那個男人在我的腦海中大聲說道：「沒錯！」我告訴她他看起來不是很開心。結果那兩個女人聽到之後反而都很興奮。她們告訴我他這個人就是這樣，在生前脾氣就很暴躁，因此死後會這樣也是很合理的。她們表示，如果我說他脾氣很好而且很高興見到她們，她們就會認為我是個騙子，但正因為我描述了他那不爽的模樣，對她們來說，這便足以證明他的靈魂還活著，而且在「那邊」過得還不錯。那位妻子表示，她原本希望他死了以後個性會變得成熟一些，但現在能聽到他的消息，她們就很滿足了。那位母親則因為兒子並未下地獄而鬆了一口氣。

關於往生者，還有一個常見的迷思就是：我們死了之後就會立刻「開悟」，為自己從前所做過的壞事或說過的壞話感到歉疚。比方說，就有許多女人曾經問我，她們的丈夫在過世之後，是否醒悟到自己生前對妻子有多麼惡劣。我真希望我能告訴大家，所有人到了「那邊」之後，就能夠把一切都看得清清楚楚，但事實並非如此。有些靈魂要過好一陣子，才會願意深切反省自己生前的所作所為。儘管我們每一個人到頭來都必須這麼做，但卻不一定立刻能夠做到。天堂裡的靈魂往往也像世間的人一樣不願面對事實。

我還記得辛普森（O. J. Simpson）的妻子被謀殺後的那個星期，大家都在猜測究竟誰是兇手。當時我正在一個發展靈通力工作坊授課。我的學生問我是否可以和妮可．布朗．辛普森（Nicole Brown Simpson）的靈魂溝通，問她究竟是誰殺了她。結果我很驚訝的看到她在「那邊」對著一大群人表示她是被卡托．凱林（Kato Kaelin）（那個可憐的傢伙！）殺死的，令她非常震驚。我問當時和我在一起的指導靈對她所說的話有何看法，祂說無論在生前或死後，靈魂都可能會選擇相信自己所願意相信的事情。祂說人死後並不一定能夠洞悉宇宙的奧祕或看清自己的人生，但等到她的靈魂成長到一個地步，她就會願意面對事實，而且說不定她已經到了這個地步。

妮可和指導靈從未說過那個案子是不是辛普森幹的。我的重點是：我們死亡之後並不一定會願意面對事實。但無論我們到了「那邊」之後是否能夠認清或面對事實，世間所發生的每一件事情都是業力所致，而且每一個人最終都會得到應有的果報。

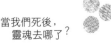

關心人間俗事的靈魂

關於往生者，我們另一個錯誤的觀念便是：他們到了「那邊」之後，就不再關心人間俗事，從此快樂無憂。但這並非事實。就像我們高中或大學畢業時，想到自己漫長的教育之路已經到了盡頭，會覺得悲欣交集一樣，靈魂對於自己已逝的生命也有同樣的感受。

我在為人通靈時，也發現人們時常會試圖請過世的親友給他們一些建議，他們認為人死後的靈魂是無所不知的，但事實並非如此。人們唯有在生前開發自己的靈通力，死後才會有神通。更何況往生者的靈魂明白他們不應該干涉人間的生活，所以當親人向他們請教未來的事情時，他們通常都不太願意配合。

關於死後的溝通，我還有兩個故事要和你們分享。這兩個故事都說明人們到了「那邊」之後，還是他們原來的模樣，仍然會有非常人性化的情緒。

一個雙胞胎哥哥的疑問和歉疚

五年前，我朋友瑪塔的雙胞胎哥哥馬克過世了。當時他才四十歲。他們兄妹都是電視製作人。當天馬克完成了一個很大的案子，和他的事業夥伴喝了一罐啤酒以示慶祝，之後馬克覺得自己有點醉了，說需要躺下來歇一會兒。大約

拋棄了瑪塔，並為此不斷的向她道歉。

他一再表示他不明白自己為什麼這樣子就死了。對他而言，這似乎沒什麼道理。然後我聽見他的腦海裡重複出現大衛這個名字，看來他似乎很關心這個名叫大衛的人。

他告訴我他先前去陪了他的父母親一段時間。他說他覺得自己跟父親很親近，並且發現他比生前更有智慧，而他的母親也變得比較慈愛、溫柔，不再像生前那樣自私和瘋狂。他說他父親對母親真的很有耐性。

馬克再次提到大衛這個名字，並說他需要瑪塔向他保證大家不會忘記他。他拿了一盒穀片給我看，並說早知道就應該多吃一點穀片。他說他發現自己想的都是這類無聊的小事，而不是那些大家都認為很重要的事情。

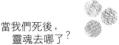

他說真希望自己從前曾經多花一點時間和瑪塔的兩個小女兒玩。還說他很高興瑪塔嫁給了她的丈夫尼爾森，因為尼爾森是個好男人。

馬克說他很難向瑪塔顯靈，又說他很高興她去認屍時有看他的遺體（她原本不想看，但她的好友說服了她）。一會兒，馬克又說：「祖母在跟她打招呼。」他說自從他到了天堂之後，祖母就一直對他很好。最後他向我表示：「我還會再跟妳聯絡。謝謝妳幫助我渡過這一關。這段時間真的很難受。」說完他就慢慢消失了。馬克過世才幾天，說這些話可得費不少力氣。

我問瑪塔是否知道大衛是誰。她說那是馬克喜歡的名字，他們父親原本打算幫他取名為大衛，但由於他們是雙胞胎，馬克的母親認為應該有相似的名字。馬克之所以提到大衛，可能是想藉此讓瑪塔知道我們溝通的對象確實是他本人。

我想分享這個故事的原因有幾個。首先，這個例子表示有些往生者需要我們幫助才能接受自己的死亡。他們死後不一定會記得自己的生命藍圖，往往要過一段時間才會想起來，尤其是在像馬克這樣的案例中。他只不過是躺下來打個盹，結果四天之後醒來時卻已經置身天堂。對任何人來說，這都是很令人震驚的事。

此外，值得我們注意的是他再三為了拋下瑪塔而道歉。我聽許多靈魂說過這類的話。他們都因為拋下自己所愛的人而感到非常自責，尤其是留下很多未完成的事情要讓生者來打理，會更加難受。

徒留兩邊的悔恨

我的前男友吉姆打電話來告訴我一個壞消息。他的愛妻唐娜（他們結婚已經五年）過世了。我告訴你們這個故事，是想強調我們必須在還活著的時候把事情打點妥當。

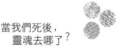

吉姆告訴我，他那天早上去上班時，「親了她一下，跟她說再見，並且告訴她我愛她」。唐娜說：「我也愛你。」然後她就回去睡覺了。

然而，那天早上大約十點半的時候，唐娜的老闆打電話給吉姆說唐娜還沒去上班。由於她近年來身體有很多毛病（她甚至曾經在他們結婚那一天中風），因此他很擔心。不過，唐娜儘管時常生病，但因為年紀還輕，每次都會復原。

那天吉姆打卡下班之後便立刻回家，看唐娜是否睡過頭了，但是他走進臥房後，卻一眼就看到現年才五十一歲的太太已經死了。

吉姆告訴我這件事時，我看到唐娜一直站在這邊和「那邊」的中間聽他說話，聽吉姆談著她和她的兒女，以及這許多年來她受到病痛折磨的光景。眼見吉姆必須獨自處理這樣的情況，她的眼淚不禁流了下來。她多麼想把手伸過去觸摸他，告訴他一切都不會有問題的，但她卻不得不站在那兒旁觀，讓他自己去經歷這一切。她喜歡聽吉姆談論他們共同擁有的一些回憶。其間她一度因為情緒太激動，不得不暫時離開現場。她不想死。她想健健康康的活著，也想和丈夫和兒女在一起。

吉姆問我：「為什麼？她的身體明明已經好轉了，為什麼還會死？」我聽見唐娜說她去年八月因為中風的併發症差點死掉時，曾經請求上帝讓她再跟吉姆共度一個聖誕節，因為那是他們倆最喜歡的一個節日。因此上帝又多給她一些時間。

第二天早上我醒過來時，發現唐娜正站在我的床邊，一副憂心忡忡的模樣，讓我有點受到驚嚇。我們從未見過面，但根據前一天的經驗，我知道她是誰。她告訴我她擔心她的兒子，因為吉姆不喜歡他。她很怕吉姆會在葬禮上給他臉色看。她問我是否可以幫忙。我雖然不確定自己可以幫得上什麼忙，但還是打電話給吉姆，問他目前狀況如何。他立刻開始談到唐娜的兒子，並說不希望他來參加葬禮。我只能問吉姆：「你妻子會希望你怎麼做呢？」每次他提到唐娜那個兒子時，我總是問他同樣的話。結果後來唐娜參加自己的葬禮時，看到她的兒子也在場，而且一家人相安無事，讓她非常欣慰。

不過，大約一星期之後，我又接到了吉姆的電話。他聽起來很不高興，因為唐娜身後的財務狀況簡直亂七八糟、不清不楚。她生前從未訂立遺囑，而且每個重要帳戶的密碼都不一樣，他一個也找不到。他既悲傷又挫折，簡直快要發瘋了。我掛上電話後，問唐娜為什麼明知自己身體不好，卻不把自己身後事安排好。她說她的直覺告訴她應該把事情安排好，但卻害怕如果真的這麼做了，就會死。我聽過許多人跟唐娜有同樣的想法，這是可以理解的。但就像在吉姆和唐娜的例子裡，這麼做的後果就是吉姆在這一頭既悲傷又挫折，而唐娜在「那邊」也後悔不迭。

無論在這邊或「那邊」，我們都要繼續過日子。為了別人好，我們必須把自己的基本事務都打點好，就像我們也會希望他們為了我們把自己的事情打點好一樣。無論在人間或天堂，「要別人怎樣待你，就怎樣待人」這個道理同樣都適用。

CHAPTER

13

我母親去世的歷程

13

我先前曾經提到過我親愛、可愛的母親。她終於在二〇一二年十月四日離開人世了。她在人生的最後六個月經歷的一切，對我來說是非常特別的。我們曾經有過許多次一起靈魂出體的經驗，甚至還一起到「那邊」去把事情安頓好，讓她能夠展開新的生命。

這話聽起來或許很奇怪，但我不認為我和母親的經驗是個特例。沒錯，我和母親兩個人都能夠通靈，但你可能也有類似的經驗。我想和大家分享她過世那段期間的種種，是想幫助你們釐清自己從前是否有過類似的經驗，或者在將來發生類似的事情時可以知道那是怎麼回事。如果你最近才剛失去親愛的人，請你回想一下：他們過世前六個月是否曾經出現一些異常的行為？是否睡眠的時間變長？是否看起來神色呆滯、迷迷糊糊的，好像「心思放在別的地方」？又是否曾經和你談過有關死亡的事，或試圖把自己的事情打點好？

探勘天堂新家

以我的母親為例，她原本請雜貨店每兩週幫她宅配一次食品和雜貨。但在過世前兩個星期，就告訴他們她將不再需要這項服務。那年九月我生日那一天，她也告訴我她將活不到我的弟弟過生日（那是十月底的事）。當時她雖然還活著，但每一天我們都感覺她好像隨時準備收拾包袱走人似的。我們在電話中的交談總是帶著訣別的意味。每次我掛上電話，心裡總想這或許是我們最後一次的談話了。

母親過世三年前，我曾經有許多次夢見我跟她一起到了「那邊」。那裡有一個她很喜歡的男人，她想讓我知道有這樣一個特別的人正在「那邊」等著她。

最初幾次，那個男人總是背向著我，而且身上散發出一種並不討人喜歡的能量。他似乎是那種頗自我中心的男人，彷彿什麼事情都以他為主。我總覺得他背對著我，是不想讓我看到他的真面目。每次我從這樣的夢境中醒過來時，總是覺得洩氣，因為母親在人間一直都被這類型的男人所吸引，沒想到了「那邊」之後，居然還是一樣。

過了一陣子之後，母親在一次夢境中，告訴我她和那個自我中心的男人之間的事情已經解決了，希望能帶我去見另外一個男人。當時我的心裡很矛盾，因為我擔心見到他之後，會發現他其實跟之前那個人沒什麼兩樣。我至少有六次夢見母親要帶我去見那個男人，但由於我總是抗拒，後來就不了了之了。

母親過世前大約八個月，我放下了抗拒的心態，終於遇到了那個男人。和之前的那位相比，他對母親溫柔許多，也很關心她。在他身旁，她就像個小女孩。看他們兩人互動是一件很有趣的事，也讓我很安心，因為我知道「那邊」有一個愛她的人正在等著她。

關於這類的靈魂出體經驗，我要說的是：正如我先前所言，我們的靈魂可能會在晚上或白天我們的身體暫停運作（例如在做白日夢或在午間小憩）時離開身體，前往任何一個地方，甚至可能會到「那邊」去。靈魂出體時所發生的事情，感覺起來並不只是一個夢，反而比較像是實際的經驗，但當我們醒過來時，在「那邊」發生的事情大部分都會變得模糊不清。這是因為：如果我們記得在那兒看過和做過的一切，可能就會因為自己無法留在那兒而感到悲傷。每次靈魂出體之後，往往一整天都會有一種縈繞不去的「鄉愁」。

母親在過世之前的那六個星期，一直都在打盹。和她一起去「那邊」的夢境也越來越模糊。我知道有某種轉變正在發生，也可以感覺到她的靈魂非常忙碌。到了她死前大約一個星期，我就不再做這類的夢了。感覺上一切似乎都已經就緒，就等著她到「那邊」去了。

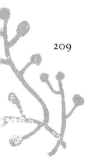

肉體生命的盡頭

她過世的那個早上，感覺上就和平常一樣，沒有任何異狀。之前我一直很好奇自己是否可以預知她將在何時過世，但那一天並沒發生什麼特別的事。

倒是前一天（十月三日）出現了一些警訊，顯示她的生命已經快到盡頭。但這些警訊並非來自高層靈界的訊息，而是那天早上我醒過來時，覺得胸口沉甸甸的，幾乎像是母親坐在上面要引起我的注意力似的。於是，我立刻打了一通電話給她，看看她是否出了什麼事。她說她很不高興，因為她做了一個夢，夢見有人想把她變成一隻蟲子。她說她的血壓非常高，讓那些居家照護員頗為擔心，但她說很疲倦，只想睡覺，所以請我要我的弟弟妹妹們當天不要打電話，因為她需要睡眠。我掛上電話後，心情很沉重，想再打電話回去確定她沒事，但我的直覺告訴我不要去打擾她。

那一天，我屢次察看她的靈魂，想了解她的狀況，但卻感覺她離我很遙遠，於是我不再吵她。通常我都會在她夜晚上床睡覺前打電話，看看她情況如何，但那天晚上我卻覺得自己最好不要這麼做。

第二天早上，一位居家照護員到她那兒去扶她起床，結果卻發現她躺在地板上，人是醒著的。這一點很不尋常，因為她已經有好幾個星期不能自己走路了。當時的情景，就好像她已經知道自己要去某個地方，所以試著起來自己走過去似的。居家照護員把她扶到沙發上之後就離開了。兩、三個小時後，另外一位已經和她成為好友的照護員到她家去為她泡茶，但母親說她今天早上很難受，不想喝茶。這也是很不尋常的一件事，因為母親早上向來喜歡喝茶。到了中午，當那位照護員回來送午餐給她時，她就斷氣了。她生前一向害怕自己會孤孤單單的死去，所以我想她必然是撐到有人來的時候才斷氣。

當親愛的人即將死去時，儘管你覺得自己已經做好了心理準備，但當你真的接到電話得知他們已經死去時，還是會感到非常震驚。那天，我走出一家寵物店時，就接到了弟弟打來的電話。他說：「我們接到電話，說母親剛剛走了。」剎那間，我覺得我的整個神經系統好像被人揍了一拳似的。我的身體開始發抖，無法呼吸，只得強迫自己把頭腦和感情放空才能開車回家。我無法思考，也不知道該怎麼做，需要有人來指引我渡過這樣的時刻，而這個人通常是我母親。

我打電話給我認識的人中最理性的一位——我兒子的父親羅曼，告訴他我母親過世的消息，請他告訴我該怎麼做。當時我腦海裡只有一個念頭：我現在是家裡年紀最大的人了，所以按理我應該知道要怎麼做才對，但我需要有人告訴我該做些什麼。在電話中，我反覆的對羅曼說：「請告訴我該做些什麼。」羅曼給我的建議很簡單，也很有用。他要我在獨處的時候盡情哭泣，和家人在一起的時候則表現得堅強一些。他還說：「悲傷會像潮水似的一波又一波來襲，所以妳最好學著順應這些浪潮。」跟他通完電話後，過了大約十五分鐘的時間，我突然感覺有一股能量圍繞著我。我只能形容它像是上帝的恩典。它讓我脫離了那種極其哀傷的狀態，並且在後來的一個多星期，一直處於一種不一樣的意識狀態下。

失去摯愛的滋味

那天，我們一家人在母親的公寓裡會合，在她的遺體旁邊坐了六個小時。她躺在沙發上，身上蓋著一條毯子，只露出她的臉來。我們輪流坐在她身旁，撫摸她的頭髮，握住她的手，一起回憶過往的時光，並且共同安排喪葬事宜。我們流了許多眼淚，但想到過去那些有趣的事情時也會忍不住大笑。在一具遺體旁邊坐了六個小時，聽起來也許會讓人覺得毛骨悚然，但我必須說那一天是我生命中最難忘的時光之一。我們全家聚在一起悼念母親，那種感覺真是言語難以形容。

曾經有許多人問我那一天是否覺得母親的靈魂就在我們身邊。確實如此，而且有過兩次。她的能量輕得不可思議，幾乎就像是一句耳語一般。我妹妹也感覺到了。其中一次，母親帶著我們挑選出一套衣服，以供瞻仰遺容時穿著。她沒有說話，但我們卻微微感受到她的存在。

她有許多遺物需要整理，但我們決定改天再做。這是她過世後的第一天，我們希望一切儘可能簡單。心愛的母親已經走了，我們需要時間來面對這個事實。

開放遺容供人瞻仰時，我們讓母親躺在開放式的棺木裡，讓人們可以見她最後一面。我的弟媳凱蒂把母親從小到大的照片，做成了令人讚嘆的相卡陳列出來，人們都看得津津有味。

母親過世後，我深深體會到失去一個如此親愛的人是什麼滋味。之前父親過世時，我們雖然悲傷，但同時也鬆了一口氣，因為他是個很難相處的人。但母親過世完全是另一回事了。她是我們的母親，永遠沒有人能取代她。

瞻仰遺容、守靈和葬禮，都是為了活人而舉行的。看到這麼多人來參加母親的告別式，感覺真好。卡片、鮮花和金錢都是美好的禮物，代表他們對我們的愛。有個朋友給了我一張禮券，讓我可以到附近雜貨店的熟食區去換食物，不必擔心煮飯的問題。我的堂妹瑪莉（她開雜貨店）請人送了一批食物和飲水到教堂來，供我們一家人享用，讓我們可以休息一下並補充能量。大家對我們真好。

痛失親愛的人是一種非常不好的感受，會讓你麻木、悲傷、孤寂、生氣、害怕。你的腦袋會不時突然一片空白；你坐立難安但又睡不著覺；就算睡著了，也不安穩；同時，你會感到驚駭、空虛。根據過來人的經驗，以上這些反應都是正常的。

有人問我為什麼母親過世後我並不常哭，我發現那是因為之前我看著她逐漸邁向死亡，已經哀慟了很長一段時間。當她不再能開車的時候，我哭；當她無法自己走路，必須坐輪椅的時候，我哭；當她的記性開始衰退的時候，我哭；當她不再有體力參加節日的家庭聚會時，我哭；當她對賓果遊戲、食物和她原本喜愛的電視節目失去興趣時，我哭；當我看著她從一個頭腦清楚的睿智女性變成像個小女孩時，我也哭。

當她日子難過時，我哭；當她不再能照顧她的愛鳥「小姬」時，我哭；每次送她到急診室時，我哭；每次看到她身體的某一個部分死去，我都會哭。

她過世後大約一個星期，我在一家賣場裡走來走去，茫然不知所措，已經不記得自己要來買什麼了，於是我又開始哭泣。我想抓起擴音器，告訴整個賣場的人，我親愛的母親已經死了，而我忘記自己要去那裡幹嘛。在像這樣的時刻，我們往往會想要告訴全世界我們親愛的人已經死了，這樣，當做了一些愚蠢的事（例如當加油槍還在油箱裡，便把車子從加油站開走；想不起好朋友的名字；或僅僅為了讓自己分心而去買一些根本用不著的東西）時，人們會過來擁抱我們而非指責。我們希望別人知道我們正盡量節哀順變，但有時並不能完全做到。

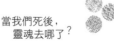

母親顯靈

由於我有通靈能力，因此幾乎每一個人都會問我一個問題：「妳母親過世後，妳有沒有跟她溝通？」在此，我要很高興的回答：到目前為止我們已經溝通了好幾次。

她過世四天後，在一個星期天的早晨，我聽見她說：「我想喝一杯真正的咖啡。」我立刻開心的出聲回答：「好的，母親，我這就去泡咖啡！」之前一天，我在一家雜貨鋪看見一束非常美麗的粉紅色玫瑰（那是母親向來最喜歡的花），第一個反應是極度的哀傷，因為我再也無法買來送她，但接著又想還是買給她吧，因為她很快就會來看我們。後來，我把那些玫瑰插在一個漂亮的花瓶裡，讓她欣賞。當我這麼做時，悲傷便消失了。我還把一杯咖啡放在玫瑰花旁邊，請她來享受。

她第二次來訪是在星期六晚上。當時我正在幫朋友縫製一件羊毛上衣。突然間，覺得一股非常撫慰人心的能量將我整個包圍住，然後我聽到她用很清楚的聲音說：「妳能相信這事終於發生了嗎？」我出聲回答：「是的，我知道。媽，妳的肉體居然死了。這不是一件很奇怪的事嗎？」當時我感覺自己處於一種不同的意識狀態，彷彿通往「那邊」的罩紗已經被揭開了，而我和母親一同置身在那兒。它似乎並不像平常感覺的那般遙遠，而只是在這個意識、這個世界之外。我問她是不是想回來探訪她的公寓。她說：「才不呢！我在那裡渡過生命中最難受的時光，那裡也是我死去的地方。」

我心中有許多問題想要問她：在天堂生活是什麼感覺？她死後經歷了哪些事情？但就在這時，電話鈴響了，把我嚇了一跳，讓我回到了現實世界。打電話來的人是也會通靈的弟弟麥可。他說意識到我這兒有些狀況，但不確定是什麼事情，所以才打來問問。掛上電話後，我想繼續與母親對談，但已經感覺不到她的存在了。

還記得在「那邊」等著我母親過去的那位男性友人嗎？我最近到天堂去

探視母親時，她帶我參觀她之前忙著布置的新家，並拜訪那個和她住在一起的男人。這時，母親的模樣看起來就像三十多歲，體力也恢復正常了。她很為新家和新生活的成就自豪。她告訴我：我們在人世的成就建造了我們在天堂的家；我們在這裡所建造的，到了「那邊」之後仍然存在。她的男人有一頭白髮，個性似乎非常良善。他們之間的互動看起來就像是兩個已經認識了一輩子的人。看到母親這個模樣，我感覺非常開心。她唯一死去的部分只有肉體而已。她的靈魂還是活生生的，而且很高興她在人世的旅程已經結束。

我的母親是一位天賦異稟的靈媒。我期待未來能有更多機會和她談論「那邊」的情況。我不知道未來會發生什麼事，但或許我的下一本書的書名將會是《與來自「那邊」的母親對話》（*Conversations with Mom from the Other Side*）！

CHAPTER

14

克服失去摯愛的傷痛

14

我上一回參加的葬禮是為我的好友巴克舉行的。他開車載著三個孩子在路上行駛時，一個女人駕駛的車子突然偏離方向，越過安全島，將他的車子撞個正著。巴克和他的兩個孩子當場死亡，大女兒也因為全身好幾處骨折而住院。當天他的妻子帶著最小的孩子先去參加一個家庭聚會，而巴克正要去和他們會合。

那次告別式至少有三百個人參加，會場擠得滿滿的，氣氛是如此悲傷，使我不得不中途離開。我想主持那場葬禮的人覺得有責任要安慰在場人士。通常在這個時候，我們都會說「他們已經到了一個更好的地方」、「上帝要他們回去祂那裡」之類的話，但當我們因為失去某個親愛的人而無比傷痛時，聽到這些話真的會比較好過嗎？死亡有時似乎毫無道理可言，無論我們如何試著解釋背後的原因。

傷痛的各種樣貌

我有個朋友在母親過世後胖了兩百磅，另一個朋友在失去孩子後在床上躺了一年，還有一個好友則在賭場裡混了一年，試圖用賭博的方式忘卻傷痛。我父親過世時，我正好在油漆房子，想把房子的外觀漆成好看的灰綠色，搭配我們那一區其他房子的顏色。父親的葬禮結束後第二天，我心想人生何其短暫，而我一直想住在黃色的宅院裡。於是，我不再把房子漆成綠色。如今，我住在一棟漂亮的黃色房子裡。雖然它在我們那一區顯得很突兀，但每次我看到時，臉上總是會泛起微笑。

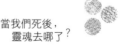

我們都有自己處理悲傷的方式。許多人會因為悲傷而出現各種上癮症狀，例如瘋狂購物、賭博、囤積東西、酗酒、吸毒、大吃大喝，乃至玩賓果遊戲等等。我認識的許多人原本已經戒菸好幾年，但在失去親愛的人之後又開始抽菸。我們會嘗試用各種方式來減輕痛苦，但那都不一定能夠解決問題，就算可以，也只是暫時的。想想看，當你從「悲傷的雲霧」中走出來時，卻發現自己的體重多了兩百磅，或你為了買一些到現在都還沒有拆封的東西已經刷爆了所有的信用卡，那會是什麼樣的光景？

死亡確實可能動搖我們的信仰。我們會開始納悶這個名叫上帝的傢伙為什麼要將所愛的人從我們的身邊帶走。我們會求助於原來的宗教信仰，但卻發現那些宗教語言已經不再像往日般可以撫慰心靈。不僅如此，它還讓我們心中產生了更多的疑問：真的有天堂嗎？死後真的還有生命嗎？那些寫書談論死後生命的人，是否只想藉此賣書賺錢？我們希望死亡是有道理可言的，這樣才不至於太過傷痛。

這就是靈性派上用場的地方了。來上我的通靈和療癒工作坊的學生，有很大部分是因為失去了親愛的人，才試著透過另一種方式來了解生命和死亡。寫電子郵件給我的人，一大部分都表示他們會走上靈性的道路，是因為失去了某個親愛的人。人們不會在某天早上醒來時告訴自己：「我的生活過得很好，所以我要走上靈性的道路。」

遺憾的是，大多數人只有在生命遭逢令人難以承受的經驗時，才會做出重大的改變，而失去親愛的人正是這類的經驗之一。幸而我們擁有各式各樣精彩的人物、書籍、工作坊、研討會等，可以幫助我們療癒悲傷並走上靈性的道路。

到目前為止，我已經寫了十一本書。其中有兩本要大力推薦給那些因為失去摯愛而受苦的人。它們分別是：《靈魂的回音》（*Echoes of the Soul*）以及《尋找良善，你就會找到上帝》（*Look for the Good and You'll Find God*）。看完這兩本書之後，你可以接著閱讀《柔聲的呼喚》（*A Still, Small Voice*）和《我的療癒書》（*My Big Book of Healing*）。

許多人在遭受失去至親好友的痛苦時，會來到我這兒做按手療法。你們或許也可以看看這方面的資訊。《療癒之手》（*Hands That Heal*）是我的第一本書，其中所討論的正是這個主題。

如何渡過傷痛期

我想和大家分享，我在為母親的死亡悲傷的期間學到的一些事情，可以幫助我們渡過這段傷痛期。

- 儘可能多吃蛋白質和蔬菜，試著不要用甜食來消除你的悲傷。對你的身體而言，用哭泣的方式來宣洩悲傷，會比用垃圾甜點把悲傷吞下肚要好很多。

- 也不要讓你自己餓肚子。對你的身體好一點，給它足夠的能量渡過這段傷痛期。

- 如果你沒有心情說話，就不要接電話。但是當你需要找人訴說的時候，一定要拿起電話，打給你的朋友們。許多人都不知道該對處於傷痛期的人說些什麼。你可以讓你的朋友知道，他們不一定要說什麼，也不需要安慰你，只要聽你說一說有關你愛的人的事情就好了。

- 在這段傷痛期，你的脾氣會變得比較暴躁，所以如果你生某人的氣，在發作之前請你先數到十或二十，因為在悲傷的情緒下，你有可能會反應過度。

- 別急著清理逝者的遺物。你可能會想速戰速決，很快把東西清掉，但請你放慢步調，在整理那些遺物時回憶往昔快樂的時光。當我必須和妹妹和弟弟們整理母親的遺物時，一開始是很害怕的，但後來那卻成了一段

經復原了。

這樣的哀悼期會持續多久很難說。如果你的朋友過去曾經失去其他心愛的人，但卻不曾好好的哀悼，那麼他們的哀悼期可能會拖上好幾年。如果他們像我一樣，在親愛的人面臨死亡時，就開始釋放自己的悲傷，哀悼期就不會拖這麼久。我知道，要面對一個為至親好友的死亡而悲傷的人或許很不容易，但總有一天你也會面臨這樣的情況。到時你就會感謝有朋友在身邊陪著你。

往生者的傷痛期

當我們親愛的人死亡時，我們並非唯一受苦的人，因為逝者同樣也會經歷一段哀悼期。其強烈的程度因人而異。有些人死亡的過程拖得比較久，因此他們還在世時就已經哀悼很長一段時間了。這樣的人到了「那邊」之後，哀悼的情緒便沒有那麼強烈。但對那些猝死的人（例如我那位在車禍時當場死亡的朋友巴克）而言，他們的哀悼期就會比較長。

我接到電話，得知巴克發生了意外之後，立刻和他的靈魂溝通。我原本以為他會在「那邊」，但卻發現他和兩個孩子都還在這邊。當時他正坐在他的妻子和家人身邊，聽他們談論這起可怕的意外。他的妻子正處於極度悲傷驚駭的情緒中，讓他感到非常憂心。他不知道她是否過得了這一關，因此便在這邊停留了幾個星期，時時刻刻陪伴著她，試著對她說話，讓她知道他就在身邊。

當時我試著和巴克說話，但他築起了一道牆把自己封閉起來，因為他已經不知所措，無法再承受別的東西。他為自己的死極度哀傷，也非常擔心妻子和還活著的兩個孩子。不過，當他知道妻子已經渡過難關，不會有事的時候，他還是去了「那邊」。除了擔心妻子之外，他也很擔心大女兒，因為當她因骨折而住院時，醫生發現她罹患了癌症！他們說如果沒有發生這起意外，或許無法及早發現癌症。事實上，這起意外挽救了她的性命。

當巴克終於到了「那邊」時，他得到了所需要的幫助，處理了他自己的悲傷，過了一年之後，狀況就好多了。他發現妻子變得更堅強。如果這起意外不曾發生，她是不可能會有這種轉變的。當然，巴克還是寧可留在人世，和她以及他們的另外兩個孩子在一起，但他已經平心靜氣的接受自己的死亡，不再因此而抱憾了。

☆

無論我們是在罩紗的這邊或那邊，我們都可以找到一些方式來處理我們失去摯愛的痛苦。就像在人世一般，天堂裡也有很多照顧者，因此沒有人是得不到幫助的。至於要怎麼做，就完全取決於我們自己了。當失去親愛的人時，我們可以讓自己陷入悲傷之中，也可以試著在其中找到一些益處。這可能要花上一段時間，但如果專心的尋找，就能夠更快的找到，無論在罩紗的哪一邊都是如此。

結論

面對死亡，繼續生命的旅程

有些人死得艱難痛苦，有些人則死得輕鬆容易、毫無痛苦。親人的逝世可能會讓生者肝腸寸斷、無以為繼，但有時死亡也會帶來解脫和喜悅，因為我們知道我們所愛的那個人已經不再受苦了。我認為人們害怕死亡，是因為不談論死亡、不了解死亡。同時，在宗教的影響下，我們也對死亡有著諸多誤解，並未認清死亡的真相。此外，我們也有一種不正確的觀念，認為人死之後，生命就結束了。

我希望這本書能讓你從另外一種角度來看待死亡。是的，死亡確實很艱

結論
面對死亡，繼續生命的旅程

難，也很爛（沒錯，我說「很爛」），但我們有能力可以通過這項考驗。即便失去了一個親愛的人，我們的日子還是可以過下去的。

如果你是那個即將展開回家的旅程、前往「那邊」的人，我想提醒你：你會拋下所愛的人離開人世，是有原因的。你的至親好友雖然失去了你，終究還是可以活下去的。這是他們的生命藍圖的規劃之一，正如同你完成你在人世的工作之後就得回家，這也是你的生命藍圖的規劃之一。

如果你是那個被留在人世、並且正在為至親好友的死亡而哀傷的人，請記住：**只要你願意**，你的痛苦將會一天比一天減輕一些。在這段期間，請你每天提醒自己：你會在有生之年失去這個人是有原因的，請你試著找出其中的好處。我每次想到母親正好在我即將完成這本書時辭世，就忍不住微笑。她彷彿是想讓我體會失去摯愛的感覺，並讓我透過與她的靈魂之間的溝通來了解死後的世界，以便對我的寫作有所幫助。

請宇宙幫助你放大你的格局。不要一直緊抓著你所失去的那個人不放，因為亡者就像你一樣，正在經歷一個轉型期，無法給你安慰。你應該求助於朋友、家人和上蒼。如果你的要求是合理的——如果你希望能夠獲得方向、指引、安慰與協助——你將會找到答案，也將能得到支持。

期盼你在未來的道路上能夠從生命與死亡中，得到最大的益處。

願上帝祝福你。

艾珂

謝辭

我要一如以往的感謝我親愛的編輯 Yvette Bozzini。她讓我寫書的過程充滿樂趣。

謝謝為我出版這本書的 New World Library。這是一家很酷的出版社。尤其要感謝具有聖人般耐性的編輯主任 Georgia Hughes、幫我把手稿變成書本的執行編輯 Kristen Cashman，以及即將發揮她的魔力把這本書推介給全世界的資深公關 Kim Corbin。

我還要衷心的感謝所有信任我、讓我參與他們的死亡過程的客戶與友人。因著你們的經驗，我才得以撰寫這本書，和世人分享這些訊息。

此外，我也要一如以往的向我的家人致上謝意。

Spiritual life 12R

當我們死後，靈魂去哪了？

死亡不可怕，靈媒大師的暖心臨終陪伴

What Happens When We Die

A Psychic's Exploration of Death, Heaven and Soul's Journey After Death

作者／艾珂．波亭（Echo Bodine）
譯者／蕭寶森
美術設計／謝安琪
內頁排版／李秀菊
責任編輯／簡淑媛
校對／黃妏俐、簡淑媛

新星球出版 New Planet Books

業務發行／王綬晨、邱紹溢
行銷企畫／陳詩婷
總編輯／蘇拾平
發行人／蘇拾平
出版／新星球出版
105台北市松山區復興北路333號11樓之4
電話／（02）27182001
傳真／（02）27181258
發行／大雁文化事業股份有限公司
105台北市松山區復興北路333號11樓之4
24小時傳真服務／（02）27181258
讀者服務信箱／ Email:andbooks@andbooks.com.tw
劃撥帳號／19983379
戶名／大雁文化事業股份有限公司

國家圖書館出版品預行編目(CIP)資料

當我們死後，靈魂去哪了？：死亡不可怕，靈媒大師的暖心臨終陪伴／艾珂．波亭（Echo Bodine）著；蕭寶森譯. -- 二版. -- 臺北市：新星球出版：大雁文化發行, 2023.07
面；　公分. -- (Spiritual life ; 12R)
譯自：What happens when we die? : a psychic's exploration of death, heaven, and the soul's journey after death
ISBN 978-626-97446-3-3（平裝）
1.CST：通靈術　2.CST：靈修
296.1　　　112010138

二版一刷／2023年07月
定價：380元
ISBN：978-626-97446-3-3